名师成长书系

创新学习研究

与探索

吕崇平 叶迎春 杨志东 巫智敏　主编

U0641124

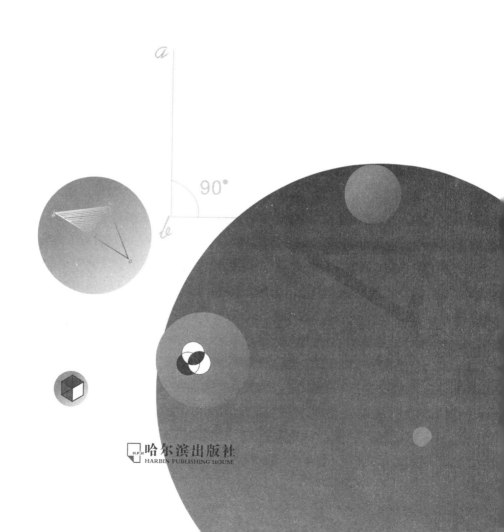

哈尔滨出版社
HARBIN PUBLISHING HOUSE

图书在版编目（CIP）数据

创新学习研究与探索 / 吕崇平等主编 . — 哈尔滨：
哈尔滨出版社 , 2021.4

ISBN 978-7-5484-5983-5

Ⅰ.①创… Ⅱ.①吕… Ⅲ.①小学数学课—教学研究
Ⅳ.① G623.502

中国版本图书馆 CIP 数据核字（2021）第 063533 号

书　　名：**创新学习研究与探索**
CHUANGXIN XUEXI YANJIU YU TANSUO

作　　者：吕崇平　叶迎春　杨志东　巫智敏　主编
责任编辑：曹雪娇
封面设计：笔墨书香

出版发行：哈尔滨出版社（Harbin Publishing House）
社　　址：哈尔滨市香坊区泰山路82-9号　　　邮编：150090
经　　销：全国新华书店
印　　刷：武汉颜沫印刷有限公司
网　　址：www.hrbcbs.com　　www.mifengniao.com
E-mail：hrbcbs@yeah.net
编辑版权热线：（0451）87900271　87900272

开　　本：710mm×1000mm　　1/16　　印张：12　　字数：190千字
版　　次：2021年4月第1版
印　　次：2022年8月第2次印刷
书　　号：ISBN 978-7-5484-5983-5
定　　价：46.00元

凡购本社图书发现印装错误，请与本社印制部联系调换。
服务热线：（0451）87900279

目 录
CONTENTS

●课 题 篇●

"信息时代下小学数学教师核心素养发展策略研究"结题报告 002

"基于核心素养发展的小学生创新意识培养的策略研究"结题报告 020

"教育信息化背景下培养乡村小学学生自主探究、合作学习能力的策略研究"
　结题报告 030

"小学图形与几何领域学生数学基本活动经验积累与培养的研究"结题报告 .. 053

●论 文 篇●

坚守教育初心 引领学生精神生命成长 066

本真 和谐 灵动——小学数学教学研究与教学反思 075

微课在小学品德与社会教学中的应用研究 081

生活叙事，让品德教学从知性走向生活 085

浅谈如何培育城市流动儿童健康心理 089

"乐简课堂"：让数学学习变成一件快乐的事 093

乡村小学数学的信息化之路 101

以生为本 创造性地使用教材 105

教育信息化背景下如何提升小学数学教师核心素养 109

以生为本 以趣促学 116

以研究引领教学 提升教师专业素养 120

小组合作在小学数学课堂的实践运用 128

小学数学问题解决式教学中学科结合的使用 131

促进自主管理 培养创新能力 135

浅谈小学信息技术课堂中学生的自主学习能力的培养 139

让教材"活"起来，让学生"动"起来 143

引导学生参与 注重能力培养 146

聚焦数学核心素养培养小学生的创新能力 149

浅谈小学数学创新学习方法的教学实践研究 152

在教育信息化背景下小学数学如何培养学生的自主学习能力 155

重视学生核心素养的培养提高学生的综合能力 159

采取有效措施　培养学生的创新能力 164

应用网络教学平台培养乡村小学生的自主学习能力 167

通过剪纸活动激发学生对学科课堂的兴趣 171

课题篇

"信息时代下小学数学教师核心素养发展策略研究"结题报告

梅州市梅江区江南育才小学　巫智敏

一、课题立项研究的实践意义

百年大计，教育为本；教育大计，教师为本。有好的教师，才有好的教育。《国家中长期教育改革和发展规划纲要（2010—2020年）》（以下简称《纲要》）中强调："严格教师资质，提升教师素质。""培养教育教学骨干、'双师型'教师、学术带头人和校长，造就一批教学名师和学科领军人才。"可见，《纲要》把提高教师的专业水平和教学能力放在了突出地位。

2018年5月，我们确立了"信息时代下小学数学教师核心素养发展策略研究"这一符合时代要求的课题进行研究。

2018年10月，嘉应学院省级中小学教师发展中心招标课题，将此课题立项为重点课题。时代在不断地向前发展，当今世界各国的教育都在聚焦人的核心素养的培养，我国也不例外。这一教育理念，强烈地冲击着我们的观念，震撼着我们的心灵。在这种大环境、大趋势下，我们一线教师该如何在课程教学改革中回应这种趋势，要具备怎样的核心素养，用什么样的方式去实现、诠释核心素养，以实现具有更深层次意义的教育转型，这对教师的核心素养提出了更高的要求。

对如何增强教师的核心素养建设，如何发展教师的核心素养，并通过发展教师的核心素养，达到真正促进学生学习的目的，真正让学生在课堂上体验数学、感悟数学、发展数学，我们进行了反复的思考、调研和论证。

近年来，我国政府提出了教育信息化的目标。我们从网上资料和《中国电化教育》等杂志上了解到，目前这方面的研究主要有"信息技术与小学数学课程的整合""网络环境下的小学数学概念教学"等。不过，这些都是呈现在课堂层面上的，缺乏对整个教学流程的全面研究（交互式备课、课堂教学、教学反思与评价、数学活动等）。而"信息时代下小学数学教师核心素养发展策略研究"这个课题是为了更好地发挥江南育才小学优势，以信息技术为手段，以提升小学数学教师核心素养为目标，不断提高学校的教育教学质量。正是基于对数学教师数学素养的客观现状与当前数学教育对教师数学素养的现实需要之间的矛盾的认识，我们认为，"信息时代下小学数学教师核心素养发展策略研究"是一个十分重要并且十分迫切的研究课题。

我们以课题研究带动教师培训，推动教师在研究和交流中拓展理论视野、增强研究意识，提升专业素养和教学能力；以课题研究的形式带动教学改革，促进学员对教学的深度反思和理论总结，助推学员自觉研读相关论著和论文，加深学科理论修养，将学员培养成研究型教师。

我们把这一课题作为广东省中小学吕崇平名教师工作室的课题开展研究，并以此作为任务驱动，提升广东省吕崇平教师工作室的小学数学骨干教师的核心素养、专业素养、专业水平和课题研究能力，为他们成为"名师"创造条件，搭建平台。课题研究的对象是全省 11 个地级市 39 个县（区）的 200 多名学员所在的 50 多所学校的师生，产生了很好的实际效果。

二、课题的具体内容

该项目于 2018 年 5 月申报，2018 年 10 月开题，2020 年 8 月结题，历时两年。在实践研究探索中，本课题研究的总体目标是：立足教学一线，促进小学数学教师核心素养的发展，提升小学数学教师团队的核心素养；培育研发能力，打造特色品牌；建设互动平台，提升专业引领；博采教育精华，拓展教育视野。

（一）课题研究的主题内容

1. 小学数学教师核心素养的构成要素、层次、内容及评价标准研究。

2. 小学数学教师核心素养的现状分析研究。

3. 信息时代下提升小学数学教师核心素养的策略研究。

4. 利用数学微课资源，转变小学数学教师的"教"和学生的"学"的可行性分析。

5. 探索信息技术应用于数学教学活动中，以提高学生的创新能力、实践能力的课堂教学模式。

三、课题实际完成情况

（一）准备阶段（2018 年 7—8 月）

1. 成立课题组，确定课题研究班级。

课题研究之初，学校就成立了由高校陈静安教授为课题指导专家，特级教师吕崇平为主持人，校长叶迎春、乐育小学副校长杨志东、数学教研组组长巫智敏以及 3 名骨干教师为主要成员的课题研究小组。主持人负责课题领导管理工作，校长负责具体工作的实施，其他相关人员协助课题研究的有关工作，并确立了课题研究对比班级。

2. 对课题组成员进行课题研究前的培训。

（1）理论培训。主要有以下五种形式：一是聘请名师、专家来校讲座；二是组织教师观看科研录像，内容有利用信息技术进行数学教学的优秀课例、教育科研的专题讲座等，要求教师结合本人实际，按"一看、二议、三学"的步骤进行消化落实；三是课题组负责人经常向教师推荐现代教育理论刊物，并将各类教育刊物上反映教育科研发展趋势以及与课题有关的文章，印发给课题研究的教师学习；四是课题组负责人一学期三次对全体研究教师进行有关课题方面的理论讲座、技能指导，使每个参与课题研究的教师明确自己的课题研究目标、任务、方法和步骤，为顺利开展课题研究奠定坚实的基础；五是组织课题组教师外出培训学习。

工作室总课题组先后组织来自惠州、潮州、揭阳、韶关、清远、汕头、汕尾、梅州八个市共计43名广东省吕崇平教师工作室的广东省省级骨干教师、省级培训学员和 7 名工作室成员开展多次培训，充分利用业余学习、网络、博客、微信、微博、各级教育教学刊物等途径，组织他们共同学习，使他们掌握了与核心素养研究相关的理论、理念、教学原则、课堂教学模式、教学方法等。

（2）信息技术操作培训。课题组制订了信息技术与应用培训计划，采用集中（每学期两周时间）与分散相结合的方式，分别对教师进行分层培训：基本操作、电子备课、网页课件制作、网络教学等培训，并定期开展课件制作比赛，使教师们熟练地掌握了信息技术与学科整合的操作技巧。

3. 拟定课题研究方案，聘请专家开题论证。

课题负责人多次召开全体教师研究会，根据学校实际和数学学科特点，认真研究讨论课题研究的意义、理论根据、研究内容、研究目标、研究方法、研究对象以及课题组成员分工、任务等，并及时制订好课题研究方案，然后聘请高校的陈静安教授进行开题论证。

（二）实施阶段（2018 年 9 月—2020 年 1 月）

1. 课题实验组按照课题方案全面实施研究工作。

2. 规范课题管理，操作过程严格把好"三关"。

一是把好教材目标关。任课教师认真备好课，备课前要查阅教育网及相关资料网，力求深钻教材，把握教材，了解信息，做到心中有数。在任课教师完成教学设计、课件设计后，课题组人员集体研讨，并填好"现代信息技术应用情况表"，最后定稿后上课。

二是把好数学教学与信息技术整合关。任课教师在课前必须根据学科特点、教学内容，有机地寻找整合的切入口与时机，找到课件在数学课堂中的最佳呈现方式，明确运用课件所需达到的目标。

三是把好课后的研讨关。我们制订了"小学数学信息技术课堂评价指标"，在任课教师授课时由课题组成员对照检查，根据师生的双边互动、信息技术的运用、课堂教学整体的情况，进行课堂填表打分，并及时组织课题组成员评课（教学目标是否达到、信息技术的应用情况、教师的"教"与学生的"学"的情况等），及时填写"课题研究情况记载表""课题研究情况反馈表"等，及时与任课教师交换意见，便于调控与修正，不断提升教师的核心素养。

3. 及时收集和整理研究资料。

在课题研究过程中，有目的、有准备、有步骤、多方面、多角度地收集资料并及时整理、分析，撰写阶段小结。

4. 定期聘请专家指导。

江南育才小学借申报课题、课题开题、课题实施、中期检查等机会，聘请省、市领导和专家来学校指导课题研究工作。

5. 认真组织研讨活动

每周组织 1 节研讨课。课前要求教师深钻教材、认真备课—课题组共同研讨、定稿—教师上课、听课—课后课题组共同研课—反思、总结—提升—推广。充分利用 QQ、博客、微信、微博等网络平台，开创研讨、交流、沟通、分工合作等跨市式、跨区式、跨校式的课题研究模式。这样通过市际联动、区际联动、校际联动，多方求索，建立相互合作与支持的平台。

具体研究方式：学习—实践—研讨—个别指导—案例分析—专题讲座—小组沙龙—参与式研讨—相互观摩—展示交流。

工作室总课题组先后组织研究课、公开课、示范课、交流研讨课、课题汇报课等活动示范引领，典型导向，评价激励，推动学科渗透"信息技术""核心素养"研究的实践探索，课堂效果很好，学生很受益，荣获国家、省、市、区的优质课教学范例、教学设计、教学案例等方面的奖项。

6. 课题开展与工作室教师培训相结合。

2019年11月24日至12月8日，工作室开展了为期15天的2019年中小学乡村骨干教师高端研修（小学数学）培训班跟岗学习活动，完成了跟岗活动的各项任务。

（1）理论学习促提升。梅江区教育局教研室副主任梁媛民为省级乡村骨干教师做了"义务教育小学数学课程标准解读"的专题讲座。梅江区教师发展中心的谢红庆老师为省级乡村骨干教师做了"驻足梅州 印象梅州"的专题讲座。工作室的杨志东老师为省级乡村骨干教师做了"信息技术改变山区学校的教与学""提升小学数学教师核心素养"等专题讲座。吕崇平老师为省级乡村骨干教师做了"核心素养 深度教学"专题讲座。吕崇平老师以"何为名师，如何成长为名师"为主题，从专业的角度为省级骨干教师指点迷津。她从学科的核心素养出发，让教师以学生、同行、老师等不同的角色进入课堂，关注学生发展空间，创新课堂教学模式，用"本真、和谐、灵动"的教学理念为学生建构一个有效的学习时空。嘉应学院梁芹生教授为省级乡村骨干教师做了"中国家风家训对家庭教育的启示"的专题讲座。这个专题让学员们对我们的教育对象——学生有了更深层次的了解，有利于今后更好地开展学生的教育工作。嘉应学院教育科学院张登山教授为省级乡村骨干教师做了"教师'灵魂的重建'——关于教育论文写作的思考"的专题讲座。张教授从"论文写作问题扫描及问题症结揭示""论文写作成功案例举隅及成功规律归纳""论文写作可行路径描述及相关问题建议"这三个方面展开论述，指导学员们写文章要从思想方法入手，养成思考的习惯，蕴积思想的内涵。

（2）深入课堂，观摩学习。工作室学员廖桂红老师、黄利清老师、梁雯老师、李娜云老师为省级骨干教师分别上了一节展示课——"生活中的比""最大公因数""正负数""乘法分配率"；主持人吕崇平老师为省级骨干教师上了一节示范课——"分数的意义";工作室的杨志东老师为省级骨干教师上了一节展示课——"比的化简"。这些让省级乡村骨干教师对工作室团队教学风格解读得更具体、更有抓手。

省级乡村骨干教师在主持人吕崇平老师的引领下,通过数节常态课和每人开发的一节优质课例,学习了工作室主持人的教学风格,在课堂中思考着如何把核心素养融入课堂,思考着要体现怎样的育人目标。省级乡村骨干教师通过多次的集体研讨、磨课,一次又一次地修改预设,在短短的15天时间内,围绕"如何培养核心素养""如何实施深度教学"做了有益的探索。他们的课堂教学可谓风格各异,精彩纷呈。

（3）加强区域集中教研活动,促进全区教育的快速发展。广东省中小学吕崇平名教师工作室组织开展了全区性"省级乡村骨干教师优质课现场会"。工作室的成员、省级跟岗学员、培养对象、梅江区各小学100多名数学骨干教师代表参加了此次活动。广东省中小学名教师工作室主持人吕崇平老师对广东省小学数学乡村骨干教师跟岗学员的6节汇报课进行概括性总结点评。同时,吕老师还结合本节课的具体情况,为全区教师做了"核心素养 深度教学"的专题讲座。讲座分享了"什么样的课是好的数学课",深刻诠释了数学课堂"本真""和谐""灵动"的内蕴寓意,强调教师要不断提升自己的核心素养,进入高效的课堂教学。

（4）送教下乡,辐射带动城乡教育均衡发展。工作室组织学员送教下乡到三角桂林学校,柯映龙老师为乡下的孩子们送去一节优质课——"百分数的应用（一）"。课后,工作室的杨志东老师为桂林学校的老师做了"提升小学数学教师核心素养"的专题讲座,介绍工作室的成功经验和做法。

工作室的万俊香老师为大埔张云栽实验小学的学生送去一节优质课——"买文具"。

工作室主持人吕崇平老师为大埔张云栽实验小学的老师做了"成长为'名师',植根于课堂——指向教师执教能力的实践研修"的专题讲座。

工作室的杨志东老师向大埔张云栽实验小学的老师做了"信息化时代下的数学教育"的专题讲座,介绍了工作室的特色和创新之处。

（5）课题研讨,科研引领。骨干教师带着自己课题的中期报告参加研讨会,工作室请来广东省第二师范学院的廖建全教授和曹俊飞教授,以专家论证的形式,对6个课题逐一提出意见和建议,优化了骨干教师的课题。

（三）总结阶段（2020年2月—2020年6月）

1.整理资料，收集成果。课题组教师继续按课题要求开展常规研究活动，并将整个研究过程中的研究资料整理归档。

2.提炼总结，形成课题成果。课题组对所有资料进行筛选，并做归因分析，编写教案集、论文集、反思集、课件集等。

3.撰写研究报告，总结推广研究成果。

4.邀请专家进行课题鉴定。

四、信息时代下小学数学教师核心素养发展主要策略

1.加大对课题的宣传力度，营造课题研究的氛围。

"信息时代下小学数学教师核心素养发展策略研究"在江南育才小学数学教研组立项以来，全体数学教师以年级备课组为单位开展实验研究。我们首先了解课题实验的宗旨和目的，关注该课题组的其他活动进展，并结合实际展开研究工作。自2018年7月筹备，2018年9月获得立项并开展以来，我们先后十余次以校本专题教研方式宣传该课题的研究方向、目的及内容，并以备课组教研方式开展课题研究，在广大实验教师中征集、交流以"信息时代下小学数学教师核心素养发展策略研究"为主题的个案、经验总结、教学设计、心得体会等。

2.加强校本教研，树立信息时代下小学数学教师核心素养发展观念。

江南育才小学数学教研组是由30多名数学教师组成的积极、好学、有良好专业素养的大集体。在这个大集体中，老师们集体备课、听课、研讨……在团队合作中提升，在形式多样的校本教研活动中成长，在学校和教研组的指导、监督和激励下实现超越。教研组发挥校本教研功能，积极开展多种形式的教研活动；同时发挥教研组的组织、指导、监督、激励功能，让教师在扎实的教学常规工作中实现超越。

课题研究的主力军是教师，他们的整体素质尤其是创造素质是本课题研究的关键。为此，课题组对所有参加实验的教师开展培训。一年来，每周至少开展一次备课组教研，双周开展学校教研组教研，使他们掌握了与"信息时代下小学数学教师核心素养发展策略研究"相关的理论、理念、教学原则、课堂教学模式和教学方法等。

3.专题教研，重视理论指导实践，促进研究的落实。

课题组为了务实研究，加强对课题研究的管理，构建课题管理的立体网络；本着"务实研究、积极实践、扎实推进"的工作态度，构建课题实验研究立体网络。主持人亲自带头参与研究，营造了浓浓的研究氛围，形成了自主管理、自主研究的特色。

（1）落实责任。总课题组召开实验研究会议，明确主要研究方向及实验工作职责，各子课题组拟订切实可行的子课题计划；根据学科实际，定于每周安排一个下午第二节由课题组小组长组织研究学习；还利用业余学习、科组活动、备课组活动，组织教师深入研究，有利于培养学生高效学习的各种方法。

（2）举办专题讲座。课题组先后组织对课题研究进行理论培训，举办专题讲座。活动中做到"三个有"，即有主题、有中心发言、有活动记录。在教研活动中，大家都有机会陈述自己的观点和见解，倾听、了解和尊重各种不同意见，从而在交流中学习，在分享中升华。

在研究中的问题分析、解决问题，以及新课程、新观念的培训等学习活动，课题组教师懂得了课题研究的意义，明确了研究方向，掌握了研究的方法，了解了教育发展趋势，树立起学生数学课堂活动观。两年来，课题组先后组织开展十多次集中学习研讨和总结交流，使教师有效地掌握了研究相关的理论、观念、教学原则、课堂教学模式、教学方法等，从而提高了自身的科研水平。

（3）细化课题。各级教师围绕本级目标组织展开研究，在研究中，本着大处着眼、小处着手的原则，把研究目标层层分解，将研究内容具体化，并分解到小组成员，使每个成员有具体可操作的研究内容，从而达到人人有研究项目，真正做到科研工作层层有人管理、人人参与研究，促进了研究的落实。

4.扎实的教学常规工作，促进实践中交流提高。

（1）集体备课，集思广益。发挥备课组的同年级优势，逢双周一下午，同级教师中由一位教师做主备课人，就授课内容提出设想；其他教师在深入仔细地研究教材的基础上，提出备课建议，形成具体教案。集体备课集思广益，同级教师也能站在执教者的角度和立场上去看课、评课，使备课内容更加全面深入。

（2）在分享中进步，在交流中提高。教研组规定每位教师每个学年至少上一节公开课，时间由学校统一安排，内容自选，教研组协调，全组教师都要参加听课，听完后教研组集中进行评研。每位教师的观察点不同，课后评议也是多角度的。带着课题研究的观察点进入课堂，有助于进一步改进课题研究。课堂上有许多值得课题组成员思考的问题，如注重课堂的高效性、探究教学细节，等等。教研活动规定单周是教研组活动，双周是备课组活动。在教研组活动中，安排教师上研讨课及说课、评课。

（3）检查、监督，及时反馈。教导处和教研组每个学期对每位教师的备课情况、教学反思、听课记录、课堂作业的批改情况进行检查、评比并反馈。

（4）组织教学比赛，开发优质课。教研组每学期会开展课堂教学比赛活动，并选拔优胜者参加区级比赛。在有 12 位青年教师参赛的项目中，学校评选出 6 节一等奖的课，并给予表彰。参与优质课评比的教师，课堂训练有素，秩序井然，看得出学生会倾听、会思考、会合作，体现出许多良好的学习习惯，这些都离不开教师耐心细致的指导和严格的训练。教师在"培养自主学习，小组合作，展示交流，促进学生个性发展"的新课程理念下的教学实践中，要真正理解"自主学习""发展个性"的意义，自主不等于自流，个性不能变任性，新课改理念下的课堂更要注重良好的学习习惯的培养。

五、课题研究的创新之处

第一，提出"聚焦核心素养的教学"理念，深化或者学科化创新性教学理论，解决了教育教学实践过程中的实际问题，突破小学数学有效教学中课改实施的瓶颈问题，融教育理论与教学实践为一体。

第二，在批量的系列优质教学设计、教学案例、教学课例中，概括、提炼出基于小学数学教学突出教学重点的内涵、特征、操作要点、课堂教学模式，突破教学重难点，从中实现教师核心素养的提高和专业成长。

第三，提出"问题链 + 学生核心活动"的教学模式，针对概念课、计算课、解决问题课、复习课、讲评课五种主要数学课型的特点，进行实操性教学。所生成的系列优质教学课例，为一线教师提供可借鉴的教学范例，为解决小学数学学科有效教学提供一条重要的途径。

第四，构建共同研究的合作体系。以公开教学、论文、研讨会、报告会、名师论坛、专题讲座等形式向外辐射，示范引领全省或全市学科课程教学改革，形成自主管理、自主研究的特色，突显个性化研究。

第五，基于小学数学教师核心素养的研究，编撰著作。出版近十万字的多维度的实验成果系列专著，以及近百万字的成果推广应用纪实《成长为名师 植根于课堂——骨干教师省级培训跟岗学习纪实》。

第六，开创出利用QQ、博客、微信、微博等网络媒介的研讨、交流、沟通、分工合作等跨市式、跨区式、跨校式的课题研究模式，形成市际联动、区际联动、校际联动，多方求索，建立了相互合作与支持的平台，突显课题研究的独创性。

第七，建立高水平的、内容丰富的小学数学现代教学资源库。

第八，传播先进的教育教学思想、理念。在课题研究过程中，紧紧围绕"小学数学教育"进行深入的思考和深刻的反思，追问："小学数学教育的本质是什么？小学数学教育的初衷究竟为何？小学数学教育应该教会孩子什么？"我们认为，课程与课堂教学都要回到教育本身——培养完整的人，而聚焦人的核心素养的培养，是要让学生获得生活所必需的能力。数学教育并不是为了考试，不是为了培养精通各种数学理论知识的精英，也不仅仅是传授学生基本的数学知识和技能，更多的是为了培养学生的数学思维和方法。基于此，不断地去探寻人的各种可能性，不断地去认识人、发现人、开发人、丰富人，学以成人，培养和塑造完整的人格。

课题组成员在主持人吕老师的带领下，践行以上教育教学思想，在课堂教学中已形成独树一帜的教学风格——"本真""和谐""灵动"，并通过省级"名师工作室"这一平台，开展了示范教学、教学研讨，举行优秀课例展示交流现场会，送教下乡，磨课、用课，参加各级各类的比赛评比等系列活动，以及通过聘请兼职导师开展授课和讲座等方式，把好的教学方法传播、宣扬出去，并毫无保留地、积极地、无私地奉献给同行，帮助广大同行，尤其是年轻教师更好地实现专业成长，共同推进教育事业发展。

第九，形成了"课堂—研究—团队—过程—专题"的培训模式。课题组紧紧围绕聚焦课堂开展教学研究的轮状图"备课—说课—上课—评课—用课"，引领教师在课堂中始终处于研究的状态，在"课堂、研究、团队"中成长，积极把对课堂教学反思的结果用到新的教学设计中。课题组则把深入研究的好课作为教研活动或校本研修的情境，在学科内或跨学科、跨学段中交流分享。"课堂—研究—团队—过程—专题"，这种以导师引导、师带徒、立足专业的培训模式极大地调动了青年教师的积极性，提升了他们的专业素养，帮助青年教师实现了专业的快速成长。

六、课题的主要成果

课题经过两年的实验研究和探索，取得了多系列、多维度的重要研究成果，将这些研究成果应用在教学上，成效显著。这些研究成果主要有资料性成果、操作性成果和效益性成果三个方面。

资料性成果包括基于小学数学教师核心素养的教学设计、教学案例、教学视频、专著等。

操作性成果包括小学数学教师核心素养的教学模式、操作要点以及概念课、计算课、解决问题课、复习课、讲评课的教学流程，以求在对数学教育本真认知的基础上，形成可操作性强又具普适性的教学建议与模式。

效益性成果包括对数学教师的带动、示范、引领作用，提高学生学习效益的作用，特别是课堂教学效益的前后对比调查所产生的变化值（含学生思维深度与灵活性的变化值、教育教学成绩的变化值、学生对数学学科的兴趣变化值等）。具体包括以下几个方面。

（一）理论成果

1.构建了基于小学数学教师核心素养的课堂教学模式。

从批量的教学课例、教学案例、教学设计、教学视频和实操性很强的教学方式等研究中，提出"问题链 + 学生核心活动"的研究式教学、发现式教学模式及五种主要数学课型教学模式，不提倡概念课、命题课的预习、学案学习等。由此，结合课标理念，将研究目标确定为：发展学生"独立思考和运用所学知识分析问题、解决问题的能力"，"科学设计命题内容，增强基础性、综合性，着重考查学生独立思考和运用所学知识分析问题、解决问题的能力"，并"建立规范的学生综合素质档案，客观记录学生成长过程中的突出表现，注重社会责任感、创新精神和实践能力，主要包括学生的思想品德、学业水平、身心健康、兴趣特长、社会实践等内容"，发展学生的创新意识与探索能力。

2.构建了包括6个基本环节的课堂教学模式，但没有模式化。

实验教师根据不同课型特点、学生年龄特征、学生实际及自己的特色，设计出多种有利于提高学生学习效益的"问题链 + 学生核心活动"有效课堂教学模式，主要有：以"创设情境—自主生疑—尝试探索—合作交流—反馈归纳—内化提高"为主的教学模式；与旧知识联系不十分紧密并且难度不大的教学内容的教学模式采用"提出学习任务和要求—学生自学—灵活交流—巩固运用—评价小结"；探究型的教学模式则是"问题—假设—推理—验证"；小组合作型的课堂教学采用"激情引入—合作探究—实践应用"教学模式；自主型的课堂教学则采用"明确目标—自主探索—置疑问难—讨论交流—检查点拨—师生小结"的教学模式；合作型课堂教学模式为"学生自读—教师点引—分组探讨—教师检查—反馈练习—矫正提高"；质疑型课堂教学模式为"自学生疑—尝试排疑—启发释疑—练习解疑—创造质疑"；探究体验型课堂教学模式为"自学质疑—设计程序—探究体验—交流提高"；等等。

3. 建立了基于小学数学教师核心素养的课堂教学评价体系。

在基于小学数学教师核心素养课堂教学评价体系中，我们把师生互动作为评价课堂教学有效的主要依据，把学生在课堂中表现出的主体性、互动性、合作性和创新性作为其有效学习表现的评价标准，把"以趣激情，以情励学，以学增智，求精求活，主动参与，动手实践，启迪创造"作为课堂教学评价标准的基本内容。我们将原来的把考试成绩作为唯一的评价指标，改为把考试成绩、学习态度、学习习惯、课堂参与能力和学习创新能力等等因素综合起来，作为新的考核评价标准。

（二）实践成果

我们的课题研究成果在广东省 11 个地级市 39 个县（区）的 200 多名学员所在的 50 多所学校进行实践检验，取得了显著的实践成果。

1. 教学育人，以生为本。

在"小学数学教师核心素养"实验研究中，学生学得主动，思维活跃，大胆实践，努力创新，硕果累累。首先，小学数学教师核心素养的研究有效地改变了学生的学习方式。其次，课题实验研究活动的开展，推动了学校素质教育的发展，学生的综合素质也得到了很好的发展。课题实验研究培养了学生的创新精神和创新意识，提高了学生的创新能力，学生的创新思维、实践能力和学习的主动性得到充分的张扬和发展。课题研究不仅使学生知道了"是什么""为什么"，还知道了"怎么做"，即让学生自己发现和提出问题，独立思考、学会思考，归纳概括得到猜想和规律，并加以验证。同时，课题研究还注意激发学生探求以上成果，并通过课堂教学实录、教学设计、案例、论文、调查研究、总结报告、研究报告、微课校本教材及大量的微课资源库反映出来。

2.培养教师，能力为本。

实验加速了教师教育观念的转变和业务素质、科研能力的提高。自实验研究以来，一批教师迅速成为市、区的教学骨干或学科带头人。实验教师撰写的论文、教案、课例、教学课件等，先后有 100 多篇荣获国家、省、市、区级奖励；40 多篇小学数学老师核心素养策略实践研究经验文章在国家、省、市、区级刊物上发表；以"我的教学风格"为题，撰写多篇文章，其中，工作室主持人吕崇平撰写的《我的教学风格》荣获广东省中小学教学案例评比活动一等奖。

3.物化成果，研究为本。

通过"小学数学教师核心素养"的课题研究，我们边学习边总结，取得了可喜的成效，教师的教育思想、教育观念、教育教学方法发生了根本性的转变。我们充分发挥名师的带头、示范、辐射作用，形成名优群体效应，实现优质教育资源的共享，同时带动了本区域的教育教学改革，使本区域教育教学改革的热情空前高涨，教师争相学习，主要有：

（1）开辟了工作室博客，及时传递课题组成员之间的学习成果，交流研究成果，使博客成为小学数学学科教学动态工作站、成果辐射源和资源生成站，以互动的形式面向广大教师和学生。

（2）做了一次展示，引领教师以课题为研究方向，在实践探索中破解学科教学难题，开展有效的科研活动。课题组成员共开发、展示、交流、推广了 28 节优秀课例，并制作成光盘 28 张。

（3）开设讲座或示范课共 30 多场次并录制视频在全省公开发行。出版发行专著《本真 和谐 灵动——小学数学教学探索与创新》等两部，编辑系列成果专著 3 部。广东省吕崇平名教师工作室入室的跟岗学员 100 多人和 7 名工作室成员，建立工作室课题下的 50 个三级子课题，并在各地市学校开展研究，研究成果丰硕，取得国家级、省级、市级优秀教育科研成果奖 400 余项；指导教师课题研究 80 余项，省级 51 项；指导开发优质课例获市级以上奖 100 多项；建立内容丰富且具有较高水平的教学资源库 1 个。工作室所在学校江南育才小学被授予"成绩优秀"牌匾。指导并录制的 100 多节教学视频，走进了上百所学校，影响了成千上万名教师。很多教师因此受益，成长为优秀教师。

（4）课堂教学成果展示与交流。受广东省各市同行的一致好评，2019年11月开展"数和代数"领域专题研讨活动，课题组核心成员梁雯执教"分数意义"一课，主持人吕崇平做"优化活动设计 引领深度探究"讲座，使与会教师对于"数与代数"领域的课堂活动设计有了比较清晰的认识。2019年10月，在广东省骨干教师培育站学员集中启动仪式上，主持人吕崇平老师执教了"搭一搭"数学活动课，教学从实际情境入手，确立研究主题，培养了学生主动探究的精神和综合解决实际问题的能力，学生的推理能力、操作能力、几何直观感受能力得到了有效培养，课堂上学生的数学核心素养得到了很好的落实，为这类课的教学改革指明了方向。

在课题研究期间，课题组成员充分利用前期课题研究成果，开展了丰富多彩的线上教学活动。课题组主持人吕崇平面对全区学生组织开展了20节线上学习活动；课题组教师通过小视频、美篇、公众号、人人通等形式，让学生参与线上动手活动，开展20余次数学实验活动、游戏活动、实践活动、数学绘本阅读活动，大大提高了学生的动手能力和综合素养，在江南育才小学及周边学校形成很大的影响力。梅州市教育局对此给予了报道和推广。

重要阶段性研究成果

成 果 名 称	作者	形式	字数	完成年月	出版单位或发表刊物名称、刊号
"全国模范教师"称号	吕崇平			2019年9月	人社部、教育部
"分数除法（三）"被评为2019年度广东省"一师一优课、一课一名师"活动省级"优课"	吕崇平	课例		2019年10月	广东省教育厅
《以学定教 真切构建——"平行四边形"教学实践与反思》	吕崇平	教学反思	5566字	2018年5月	在《本真 和谐 灵动——小学数学教学探索与创新》一书中发表
《本真 和谐 灵动——小学数学教学探索与创新》	吕崇平	个人专著	28万字	2018年5月	吉林大学出版社
《小学生创新学习方法研究》	吕崇平	论文	4600字	2017年5月	在《本真 和谐 灵动——小学数学教学探索与创新》一书中发表

续表

成 果 名 称	作者	形式	字数	完成年月	出版单位或发表刊物名称、刊号
《渗透数学思想方法 发展小学生数学核心素养》	吕崇平	论文	9316字	2018年5月	在《本真 和谐 灵动——小学数学教学探索与创新》一书中发表
《成长为"名师"植根于课堂——指向教师执教能力的实践研修》	吕崇平	论文	4400字	2017年3月	在《教师》2017年第8期发表
《对新世纪提高教师素质的思考》	吕崇平	论文		2018年5月	在《本真 和谐 灵动——小学数学教学探索与创新》一书中发表
《论创新精神与实践能力的培养》	吕崇平	论文	2128字	2018年5月	在《本真 和谐 灵动——小学数学教学探索与创新》一书中发表
《以课题研究为"土壤"实现新课程"三维目标"的解决是我的教学风格》	吕崇平	论文	9834字	2018年5月	在《本真 和谐 灵动——小学数学教学探索与创新》一书中发表
《重视知识形成过程的教学》	吕崇平	论文	2976字	2018年5月	在《本真 和谐 灵动——小学数学教学探索与创新》一书中发表
《商中间有"0"的教学》	吕崇平	论文	1839字	2018年5月	在《本真 和谐 灵动——小学数学教学探索与创新》一书中发表
《以学定教 真切构建——"平行四边形"教学实践与反思》	吕崇平	教学反思	5566字	2018年5月	在2017年广东省计算机教育软件评审活动中，荣获小学组三等奖
"平行四边形的面积"	吕崇平	课件作品		2017年10月	在梅州市计算机教育软件评审活动中，获普通中小学组多媒体课件二等奖
"平行四边形的面积"	吕崇平	课件作品		2017年12月	在2017年梅江区计算机教育软件评审活动中，荣获普通中小学嘉应组多媒体课件一等奖

续表

成 果 名 称	作者	形式	字数	完成年月	出版单位或发表刊物名称、刊号
"分数除法（三）"被评为2019年度梅州市"一师一优课、一课一名师"活动市级"优课"	吕崇平	课例		2019年10月	梅州市教育局
"平行四边形的面积"	吕崇平	课件作品		2017年12月	梅州市梅江区教育局
"如何预习新知"（以北师大版五年级数学下册第第一单元折纸——分母不同的分数加减法为例），在2020年梅江区线上教学优质课评选活动中荣获一等奖	吕崇平	课例		2020年6月	梅州市梅江区教育局 梅州市梅江区教师发展中心
"分数除法（三）"被评为2019年度梅州市"一师一优课、一课一名师"活动区级"优课"	吕崇平	课例		2019年10月	梅州市梅江区教育局
《联系生活实际，突显模型思想》	巫智敏	论文	2350字	2017年6月	《学校教育研究》杂志(刊号: ISSN1673-0348；CN13-1351/TN)
"长方体的认识"	巫智敏	课例		2018年1月	广东省中小学教师信息技术应用能力培训提升工程课例二等奖
"小学图形与几何领域学生数学基本活动经验积累与培养的研究"	巫智敏	课题		2019年9月	经梅州市普教系统"百千万人才工程"培养指导中心评审委员会评审，被评为优秀课题
"'班级旧物市场'活动设计方案"	谢桂珠	教学设计	2875字	2018年6月	《考试指南报》(CN42-0094)
《"情境教学"让低年级数学课堂迸发新活力》	谢桂珠	论文	2300字	2018年4月	发表于《梅州教育》
《浅谈小学数学图形与几何教学设计策略》	谢桂珠	论义	2074字	2018年11月	校内交流

续表

成 果 名 称	作者	形式	字数	完成年月	出版单位或发表刊物名称、刊号
"三角形边的关系"	谢桂珠	教学设计	3111字	2017年5月	校内交流
《聚焦核心素养 培养学生的数学能力》	谢桂珠	论文	2200字	2017年7月	《科教导刊》杂志（刊号：ISSN1674-6813；CN42-9001/N）
《浅谈小学数学创新学习方法的教学实践研究》	廖桂红	论文	2045字	2017年10月	《新课程》杂志（刊号：ISSN1673-2162；CN14-1324/G4）
《引导学生参与，注重能力培养》	廖桂红	论文	1686字	2018年12月	校内交流
"有趣的测量"	廖桂红	教学设计	3254字	2019年4月	校内交流
《小学数学探究式教学实践研究》	彭秀芬	论文	2568字	2017年11月	《教育》杂志（刊号：ISSN1671-5861，CN50-9238/G）
《乡村小学数学的翻转课堂的问题与解决策略研究》	杨志东	论文	2417字	2019年12月	第十届"中国移动'和教育'杯"全国教育技术论文活动中荣获优秀奖
《信息时代下小学数学教师核心素养的现状及提升策略》	杨志东	论文	5295字	2020年5月	2020年广东省中小学信息技术教育优秀论文、教学设计活动中荣获二等奖
优秀辅导老师（学生杨芷莹、钟坤康）	杨志东	比赛		2019年7月	广东省第十届"小小科学家"少年儿童科学教育体验活动被评为"优秀辅导老师"
"可能性"	杨志东	教学设计	6717字	2020年5月	在广东省中小学信息技术教育优秀论文、教学设计活动中荣获二等奖
《关注小学校园安全 双手托起明天的太阳》	杨志东	论文	2656字	2020年5月	在广东省中小学信息技术教育优秀论文、教学设计活动中荣获二等奖
"利用数学微课资源，培养农村小学高年级学生个性化创新学习方式的研究"成果专辑	主持人：杨志东	课题成果		2020年8月	获梅州市教育科研课题成果一等奖

七、反思与分析

1. 突出专题。

我们的研究一定要突出专题，在一定的时间内围绕一个专题深入地去研究，要注重实效。

2. 加强团队合作。

一个教研组就是一个整体，发挥出一个教研组的整合力是教研组建设中的关键。我们每位教师都参与研究，就能拧成一股绳，对于校级展示课，从集体备课、上课到研讨全程参与，确保质量。

3. 要请专家指导。

要拓宽视野使研究达到一定的高度，必须要有专家的引领。

4. 存在的不足。

尽管我们在"信息技术和小学数学教师核心素养"领域教学的研究中做了大量的工作，如理论学习、沙龙研讨、教学观摩等，年轻教师通过活动，进步较快，涉及"信息技术"教学的有效性理念已逐渐渗透到每一个教学实践活动中，但有些教龄较长的教师对新课程理念教学的有效性策略的理解和把握还不够准确，转变观念难度较大，致使他们有时在教学中依然存在"穿新鞋走老路"的情况。由于理论水平和学术水平有限，在课题研究中对一些问题的探讨还不够深入。

"基于核心素养发展的小学生
创新意识培养的策略研究"结题报告

梅江区江南育才小学　梁雯　卜雪梅

从 2018 年 10 月至 2020 年 8 月,江南育才小学数学组承担了梅州市教育科学研究课题中"学科教学中学生创新精神和实践能力的培养的研究"这一课题的实验研究工作,经过两年多的认真研究和探索,现已如期结题,并取得了预期成果。

一、课题研究的背景

新世纪是一个学习化的世纪,在学习化的世纪里,作为学习科学的一个新兴分支学科——创新学习论,在当前教育领域受到普遍的关注。把培养学生的创新精神和实践能力作为实施素质教育的重点,这不仅是迎接知识经济、信息时代挑战的需要,也是我国教育改革发展的必然选择。

学习科学领域的创新学习论理念,并结合各种信息技术将其融合到学生的自主学习中,通过合理运用互联网络及多媒体技术,如微信、微博、博客、QQ 等,让这些互联网、自媒体技术贯穿支撑教育教学的全过程,能够改变传统的"教师—教材—学生"式的单一互动模式,活跃课堂气氛,改变教育教学的面貌,充实和丰富课堂教学内容,激发学生的学习兴趣和求知欲,培养、锻炼学生的自主学习能力、理解能力、创新思维能力和实践能力,从而有效地提高课堂教学质量和效果。创新意识的培养是现代数学教育的基本任务,数学核心素养应体现在数学教与学的过程之中。数学素养的十个核心词(数感、符号意识、空间观念、几何直观、数据分析观念、运算能力、推理能力、模型思想、应用意识、创新意识)是小学数学教学的"魂",是学生一生受用的方法和能力,应贯穿数学教育的始终。

在小学数学和信息技术的整合功能上,当前教育存在以下三种急需解决的问题：一是利用率低，通常是上研究课或有人听课时用，其他时间少用（或不用）；二是使用目的不明确，只求教学形式多样，课堂气氛活跃，形成"走过场"现象；三是演示中缺乏教师必要的启发讲解，忽略学生的思维训练等。出现这些问题的根源在于一些教师从观念上把信息技术的使用单纯地看作一种教学手段，因而将其放在可有可无的地位，只以教师的语言传播作为学生获取知识的主要途径。为此，新的学习观——创新学习进入我们的学校，进入我们教师的头脑，进而转化为教学行为，让学生拥有健康的学习心理，掌握创新的、科学的学习方法和策略。我们将"基于核心素养发展的小学生创新意识培养的策略研究"作为吕崇平工作室为每个入室学员和成员提供的子课题研究方向，并以此课题研究的形式带动教学改革，促发入室学员与成员对教学的深度反思和理论总结，助推学员自觉研读相关论著和论文，加深学科理论修养，将学员培养成研究型教师。同时，我们把"创新学习"这种创造性的学习方式作为江南育才小学教育教学的突破口和基本目标，从而真正把素质教育目标落到实处。我们为此开设课题"基于核心素养发展的小学生创新意识培养的策略研究"，并进一步开展研究。此课题的研究将对创新学习研究与实验做进一步深化、拓展，以形成"聚焦数学核心素养的教学，培养小学生创新意识的策略研究"较系统、综合、配套的理论框架与操作体系。

二、研究目标和内容重点

（一）研究目标

1. 提出切实可行的教学策略，探求引导学生参与学习、主动学习的有效策略，让学生在活动中创生知识、经历过程、积累经验，真正使核心素养在学生身上生长。

2. 通过问题驱动，促进数学活动高效开展，营造独立思考、自由探索、勇于创新的良好环境，为学生获得长效性发展贡献数学学科应有的力量。

3. 在实验的基础上，设计出较为系统的典型案例，为教师的课堂教学提供案例支撑。

4. 通过参与课题研究，积累促进学生数学核心素养形成和发展的相关经验，探索提升学生数学核心素养的路径，使教师进一步转变教学观念，提升教育者的理论素养，增强教师的教育智慧，提高教师的教科研能力，锻炼出一支骨干教师队伍。

（二）研究内容

1. 根植核心素养的数学课堂活动设计与实施策略的研究。

2. 问题驱动，促进活动深入开展的途径和方法的研究。

3. 聚焦核心素养，开发数学绘本故事、数学游戏、数学实验活动的研究。

4. 基于核心素养的课堂活动设计与实施策略融合其他学科的研究。

三、课题研究的任务和理论依据

（一）课题研究的任务

1. 明确小学生"创新学习"这一概念的界定。

2. 明确"创新学习"与"创新教育"二者的联系与区别及相互作用。

3. 解决关于创新程度的问题。

4. 建构小学数学课堂教学中小学生创新学习方法的原则、策略与路径。

5. 形成一套系统的创新课堂教学方法策略体系。

6. 最终形成一套系统的小学生创新学习方法策略体系和操作体系。

（二）课题研究的理论依据

1. 主体性；2. 整体性；3. 针对性；4. 参与性；5. 可操作性。

四、课题研究的主要方式与实施步骤

（一）研究思路

本课题充分利用江南育才小学"十二五"课题——《数学"创新学习"教学》的研究成果，紧扣核心知识，通过典型课例，研究探索有效的数学课堂活动设计策略，并将数学核心素养根植其中，实现二者紧密结合，使核心素养在学生身上生根发芽，茁壮成长。通过研究，开发设计典型案例，大胆实践，专题研讨，不断反思，不断总结，进而将课题研究成果进行推广。

（二）研究的主要方式

1. 学习：学习新课程实施的相关文件；学习建构主义等现代教育理论；学习微格教学法、探究式教学法等现代教学方法；学习校本教学研究的方法即行动研究法。

2. 实践：要求工作室成员及入室学员本着探索新课程背景下现代信息技术

与小学数学课教学的整合与创新的目标，不断实践并在实践中反思总结，做进一步理论研究。

3. 研讨：针对工作室成员及入室学员的不同岗位和发展水平，拟采取以下方式开展研究活动，即个别指导、案例分析、专题讲座、小组沙龙、参与式研讨、相互观摩。

4. 交流展示：将课题研究成果通过各种途径进行交流展示。

（三）实施步骤及时间安排

本课题研究的总体思路是由工作室统一规划组织，对课题研究任务进行分解，最终工作室对课题的研究资料和成果进行提炼、汇总，形成体系化的研究成果。研究过程分为三个阶段。

第一阶段：准备阶段（2018 年 10 月—12 月）

1. 建立和健全课题研究组织领导机构。

2. 资料搜集、检索、筛选。

3. 制订切实可行的课题研究方案。

4. 建立课题研究资料档案，收集、积累、分析有关材料。

5. 组织教师进行理论学习，提高课题研究水平和能力。（1）召开第一次课题研讨会，安排部署子课题的申报工作；（2）组织课题培训活动。

6. 完成课题申报备案立项的有关工作。

第二阶段：实施阶段（2019 年 1 月—2020 年 6 月）

1. 开题培训，做好课题研究总动员工作。

2. 修订完善实验方案。

3. 设计小学生创新学习方法现状问卷调查表。

4. 做好数据的统计，各班写好学情现状调查报告。

5. 写好全校学生创新学习现状的调查报告。

6. 开展课题研究工作。

（1）基础性研究（2019 年 1 月—12 月）。统揽教材，共同研讨，分析教学中存在的困难以及通过信息技术、互联网思维可能解决的问题，开发相关的教学资源；召开第二次课题研讨会，交流研讨研究成果，分析解决研究中遇到的难题。

（2）探索性研究（2020 年 1 月—6 月）。选取典型课例，运用所开发的自媒体技术、信息技术、互联网思维资源进行尝试性教学，提出教学中应该体现的教学步骤与环节，初步构建适合不同课型、不同知识领域的整合教学模式。

第三阶段：深化阶段（2020年6月—9月）

1. 总结回顾前阶段研究的工作情况。

2. 阅读有关资料，设计条件施加，并在课内有机渗透。

3. 做好研究记录，及时分析有关情况。

4. 做好课题实验的监测、评估和验证工作。

5. 精选范例，深化创新学习方法研究。

6. 撰写阶段性实验报告和论文。

本阶段中，工作室成员要深入各入室学员所在学校进行听评课活动，对模式的构建和学科教育教学资源库的建设提出合理化建议；召开第三次课题研讨会，各课题组汇报研究进展情况，交流经验与困惑，安排课题中期评估的有关事宜；组织课题中期评估。

（1）应用性研究（2020年6月—7月）。应用初步构建的教学模式进行教学实践，通过反复的尝试与修改，使教学环节安排趋于合理，使所构建的教学模式逐步完善；将所收集的素材资源进行筛选、处理、应用，初步建成学科教育教学资源库，并应用于教学实践，在应用中寻找问题、解决问题。

（2）推广性研究（2020年8月—9月）。各子课题组在取得初步成果的基础上，广泛开展课例研究，并在一定范围内推广应用自己的研究成果，争取在更大的范围内检验研究成果、查找问题、解决问题；经过修改和完善，各类成果最终定型。

第四阶段：实验总结及经验推广阶段（2020年6月—11月）

1. 探索聚焦核心素养的数学课堂活动设计的策略。在数学课堂活动中落实核心素养，要求教师针对不同课堂知识采取不同的教学策略。如针对简单知识、相关知识，教师完全可以放手让学生在学习活动中自主去摄取；针对复杂知识、核心知识，教师可以采取"包裹"策略，即用大量的背景知识、生活经验将之包围起来，为学生自己去消化、探究知识创造条件；针对超难的知识，教师可以帮助学生进行知识拆解，将之转化成为连续几个层次的探究活动。在研究中我们不是仅仅依靠教材，而是着眼于开发的课例，充分结合地区实际情况。

2. 教学中精心设计数学活动，切实提升学生数学核心素养。让学生在活动中创生知识、经历过程、积累经验，提升思维能力，形成和发展数学核心素养。在这期间，课题组成员针对四大领域课型特点，分工协作、各司其职、各负其责，然后经过课题组酝酿、协商，深入剖析、反复论证，归纳总结概括出每一类型课的教学策略，以指导老师的教学设计与实践，并将研究成果推广到其他学科教学中。

3.开展"科研手拉手，协作共研究"活动。课题组先后同兄弟学校，以"精心组织数学活动，培养数学核心素养"为主题做好校级联谊，送教下乡，充分发挥课题研究的辐射作用，扩大研究成果。2019年11月，课题组成员在"省骨干教师培训"活动中展示了一节"正负数"，教学按照活动的发起、展开、交流、反思四个流程进行，很好地展示了课题研究成果。正高级教师、特级教师吕崇平评价本课"活动设计精巧，组织有序，学生在活动中数学素养得以提升"。2019年11月，课题组核心成员在江南育才小学开展同课异构活动，课题主持人以"基于核心素养发展的小学生创新意识培养的策略研究数学活动设计"为题，向全市骨干教师推广课题研究成果，受到一致好评。

4.课堂教学成果展示与交流。2019年11月，在"数和代数"领域专题研讨活动中，课题组核心成员梁雯执教"分数意义"一课，主持人吕崇平做"优化活动设计 引领深度探究"讲座，使与会教师对于"数与代数"领域的课堂活动设计有了比较清晰的认识；2019年10月，在广东省骨干教师培育站学员集中启动仪式上，主持人执教了"搭一搭"数学活动课，教学从实际情境入手，确立研究主题，培养了学生主动探究的精神、综合解决实际问题的能力，学生的推理能力、操作能力、几何直观也得到了有效的培养，课堂上学生的数学核心素养得到了很好的落实，为这类课的教学改革指明了方向，受到广东省各市同行的一致好评。

在课题研究期间，课题组成员充分利用前期课题研究成果，开展丰富多彩的线上数学活动，让线上学习活动更加丰富。课题组主持人吕崇平和课题组成员梁雯、温红英面对全区学生组织开展了20节线上学习活动；课题组教师通过小视频、美篇、公众号等形式，让学生参与线上动手活动，开展20余节次数学实验活动、游戏活动、实践活动、数学绘本阅读活动，大大提高了学生的动手能力和综合素养，每篇点击量达到近3000次，在江南育才小学及周边学校形成很大的影响力。梅州市教育局对此给予了报道和推广。

五、课题研究成果

（一）研究了课堂学习活动真实发生的有效路径

数学是人类的一种活动，是一种充满情感、富有思考的经历体验和探索活动。教学中，教师注重引导学生对学习活动的全程参与和全力体验，采取学生"看得见""可理解"的方式组织数学活动，让学生亲历和感悟，为学生获得长效性发展提供源泉。

1. 亲历"慢""长"的知识"创生"，培育创造萌芽。数学教学应鼓励学生在研究数学的活动中，去体验数学的生成、发现、演变，把数学"发现的权力"还给学生，让学生在活动中通过自己的实践和思考去创造、去获取数学知识，经历知识的"再创造"，深度体验知识的动态生长过程，从而积淀具有创造潜质和基质的活动经验，让学生从数学活动中获得能"带得走"的能力。

2. 感悟"简""画"的数学抽象，发展数学思考能力。在数学课堂活动中，教师引导学生借助数学符号，从事物的具体背景中抽象出一般规律和结构，并且用符号或者数学术语进行表达，有利于学生在学习中化繁为简，总结探索问题的方法和经验，感悟数学符号化抽象，剔除情境中的非数学因素，使学生学会数学表达与数学思考。

3. 强化"错""悟"的反思体验，提升思维品质。在学习活动中，学生犯错是在所难免的，教师要允许学生犯错。关键在于，教师要引导学生在错误处进行反思，在纠错、改错中自然地感悟道理、领悟方法。只有在"悟"的过程中，让知识进入人的认知本体，才能悟有所得，才能将体验升华到一定的高度。在强化反思中，学生会逐渐成为自律学习者，进行自觉有效的学习，从而增强思维自我评价水平，增长才干和智慧，塑造完美的人格。

（二）探索了核心素养提升的创新课堂活动实施策略

学生学习数学的过程不是被动地吸收课本上现成的结论，而是一个亲自参与的、生动的思维过程，也是一个经历实践和创新的过程。教师要着重从问题驱动、方案导航、成果分享等方面促进学生自主活动，让学生真切经历数学活动的完整过程，享受探究带来的愉悦感和成就感，获得持续发展的内部动力，最终达成学习力的提升。

1. 问题驱动，让问题链成为活动探究的方向标。数学活动是以问题为载体来实施的，问题导引着活动研究的内容和方向，驱动着课堂探究活动持续深入开展。教学中，教师要将学生置于一个个富有启发性的问题情境中，引导学生围绕问题链展开思维、动手操作、实践，逐步发现规律，最终解决问题。

2. 方案导航，让记录单成为活动展开的路线图。小学数学课堂活动的设计要遵循小学生的认知规律，合乎数学的精确性要求，鼓励、引导学生自主参与活动方案的设计，让方案更贴切、有效，使数学活动路线更加规范、清晰。

3. 成果分享，让有序交流成为思维提升的加油站。学生对实验数据进行数学化的收集、整理和描述，通过观察、分析、交流、推理等思维活动，用多种数学表征方式表达自己或小组的发现和结论。同时教师需要引导学生进行成果分享、交流思辨，激发思维碰撞，不断修正、完善，在有序交流中优化研究方法、培育创造性思维，切实提升数学素养。

（三）优化了学生思维发展路径

促进学生思维发展是数学活动的核心和最终归宿。我们应该如何发现儿童数学思维的本来模样，并借此对学生的数学思维过程进行引导，从而优化学生思维发展路径，促进数学实验活动自主、有序、高效地开展，提升数学思维品质呢？

1. 以"图"传意，隐性思维显性化。数学活动强调学生思维的可视化，在活动中通过一系列"图示技术"，学生对于实验内容、目标、设计、分析和结论等清晰可视。以图传意，便于学生操作、交流和表达，使隐性思维得以表达和外化，使自己和他人的思维可感、可知、可触摸。

2. 动态演绎，抽象思维直观化。数学的抽象概括性与学生形象思维之间的沟壑是知识内化的拦路虎，学生的探究活动可能不会一帆风顺，会遇到这样或那样的学习困惑。教师应及时捕捉学生的思维障碍，选择关键的节点，适时介入推动，借助可视化策略帮助学生真正理解、掌握、运用概念，将抽象的数学思维变得直观可视。

3. 系统建构，零散思维结构化。小学数学教学的本质是通过思维训练，学生学会运用数学思维的方式去思考。在实际教学中，常常出现学生遇到问题不会思考的情况，究其原因，主要是学生平时的学习多是孤立的、零散的、无结构的，致使学生遇到问题时，多是运用"头疼医头，脚疼医脚"的思维方式进行解决。要使学生真正形成数学思维，教师就要拓宽其思维空间，有意识地进行训练，促进学生思维结构化，使学生思维更加缜密、灵活与有条理。

（四）积累了丰富的数学实践活动经验

知识的价值不在于占有而在于运用，因此数学实验的价值理应体现在由直观地"做"转移到有意识地"用"，以此发展学生的数学应用意识，回归素养为重的常识。当学生遇到生活、学习中有价值的数学问题，想去尝试解决时，教师应给予鼓励和帮助，为数学实践活动开渠拓源，促进他们围绕"问题解决"准备材料、设计方案、动手实践，自主开展数学实践活动，感受操作、实践是解决问题的较好手段，不断增强其用数学眼光观察和分析日常生活现象的意识及能力，提升数学素养。如：学生利用数学活动经验解决了操场跑道为什么"起点不同而终点相同"的问题；通过实际测量，估算出"时光隧道"（当地一景点）的空间，推算大致能容纳多少人，并将计算结果反映给景区管理部门，解决了当地"时光隧道"景区由于人员太多影响观看效果的问题。

（五）开发了一批富有特色的鲜活案例和校本课程

在充分尊重教材的基础上，我们结合本校、本班学情和地方实际，对教材的内容进行适当的改编，巧妙地进行二度开发。例如，我们将一年级下册教材中的《小小商店》改成《我陪妈妈逛超市》，以加强学生财商素养的培育。随着现代社会的飞速发展，学生对超市这一场景的兴趣远远超过对小小商店的兴趣，而且把场景放在超市中，更贴近学生的实际。此外，我们还适当地拓展学习内容，数学教材上的"动手做""你知道吗"栏目，用来作为实践活动开发的素材；学生学习完一章或者多章的内容时，对教材内容进行有效整合，设计一批有探究价值、实验价值的案例；针对低年级学生年龄特点，开发了"数学小实验""数学游戏活动""数学绘本故事""折纸中的数学"等丰富多彩的校本课程，深受学生喜爱和家长认可。

（六）促进了教师教学智慧的生长和学生素养的提升

对小学数学"根植核心素养的课堂活动设计研究"的案例分析，促使教师进一步转变教学观念，认真研读核心素养的理论。课题研究逼迫教师阅读大量相关专业书籍，以崭新的视角、先进的理念重新审视当前的课堂教学，并撰写学习心得和体会。课题组成员根据研究成果，重构当前的数学课堂，并在实践中加以印证，对小学数学课程、教材改革也有积极的影响，教师的专业能力得到大幅提升。两年来，主持人吕崇平有多篇文章发表、获奖；核心成员巫智敏、梁雯、温红英等多次在市级、区级教学基本功和优质课评选中获奖，多篇案例、论文、教学设计在省市级获奖、发表。

在活动中学习，我们进一步优化学生学习质态，深度参与数学活动，学生的交流能力、建模思想、数学推理、运算能力、数据分析观念、空间观念都得到了很好的培养，将学习兴趣、时间、空间还给学生，让他们充分地动手操作、动脑思考、动口表达，主动地建构，深刻地体验，学生的活动经验得到有效提升，从而高效达成"三维"教学目标，实现心灵舒展，情智共生，有效扼制"题海战术"，真正提升学生数学素养与思维能力，数学核心素养得到有效培养。同时，我们还建立以教学设计、课件、教学录像课等为内容的资源库，构建"数学学科中小学生创新学习方法的研究"的课堂教学模式。

六、存在的问题与今后设想

1. 课题组教师的理论研究与实践经验还有待进一步提高。教师的课题研究意识还比较淡薄，指导方法简单，缺乏创新；个别教师的课题研究不够深入，缺少理论支撑及相关数据分析。

2. 课题研究活动缺乏长效的评价机制。课题主持人对一部分教师指导不到位，没有长远规划，无针对性，从而不利于教师间的互助，影响教师的科研水平的发展、提高。

3. 教学中的学科融合方面还需进一步加强。目前，在课堂活动设计上，还没有大的学科教学观，止步于课本中的课例研究，教师课程的开发意识不强，尚未形成系统，还有待进一步丰富。

下阶段，我们将进一步丰富数学活动设计策略，探索指向核心素养提升的课堂教学评价，用量化的评价进一步提升教师的教育教学水平，进一步激发课题组成员的积极性；同时，要进一步加强理性思考与提炼，邀请专家指导，加强成果的梳理和提炼，切实提高课题研究活动的实效，促进教师的专业发展，为学校的可持续发展提供不竭动力，设计和完善能够促进学生综合素质全面提高的课程。

"教育信息化背景下培养乡村小学学生自主探究、合作学习能力的策略研究"结题报告

梅州市梅江区乐育小学 杨志东

乐育小学于 2018 年 12 月开始搜集微课教学相关资料,进行分析研究,并向市教育局申请课题,于 2019 年 3 月获市教育局认定、审批、立项。课题立项编号是 MZ1002-MJQ303,主持人是杨志东副校长。2020 年 3 月,杨志东副校长被评为梅州市首届名教师工作室主持人,并将课题实践研究的范围扩展至整个梅州市,包括工作室 83 位学员所在的 35 所中小学师生。

2019 年 3 月课题立项后,围绕教育信息化的背景,杨志东副校长提出"教育信息化背景下发挥学生自主探究、合作学习能力"课堂模式。此模式在乐育小学全面铺开后,学校数学科组所有老师在课题主持人的指导下,进行了信息化教学模式的探索和实践。通过探索和实践,我们发现:将信息技术应用于教学,极大地促进了传统的教与学方式的转变,对教学内容的呈现方式、教学方式、学习方式、师生互动方式产生巨大的冲击。信息技术与各学科整合,有利于促进教师教学行为的多样化,以适应当前教育教学发展的形势,提高教师的教育教学水平,更有利于学生形成自主探索、合作学习的个性化学习方式。

到目前为止,课题组成员已录制了大量的成套的系统微课,并在课前、课中和课后不断地应用,使学生的自主合作学习能力得到极大的提升。现此课题研究已取得了一定的成果,符合结题条件,现申请结题。

一、对"教育信息化"的重新定义

现在是一个多元化的时代,以计算机和互联网为代表的当代信息技术,

正以惊人的速度改变着人们的生活方式和学习方式。利用多媒体技术优势促进人才培养已经成为世界上许多国家教育改革的焦点和核心。我国教育部在《基础教育课程改革纲要（试行）》中提出："大力推进信息技术在教学过程中的普遍应用，促进信息技术与学科课程的整合，逐步实现教学内容的呈现方式、学生的学习方式、教师的教学方式和师生互动方式的变革，充分发挥信息技术的优势，为学生的学习与发展提供丰富多彩的教育环境和有力的学习工具。"

国外以让·皮亚杰等人为代表的"建构主义"理论对信息技术下开展学生自主、合作、探究学习策略研究具有指导意义，并在理论和方法上为本课题研究提供了理论基础。国内以蒋鸣和教授为代表的北师大网络教育实验室的"网络环境下的研究性学习理论和实践研究"已初步取得成效，使得利用信息技术进行课堂教学具有理论及操作层面的借鉴之处。

从我国教育改革和发展的趋势看，"英特尔未来教育培训项目"已开展多年，教育信息技术也以前所未有的速度迅猛发展。教育信息化要求学生学会高效率的自主、合作、探究性学习，要求教师从传统的教学模式中走出来，由课堂的主导者变为课堂教学的组织者和引导者，让学生由被动的接受状态变为学习的主体，成为信息加工的主体和知识意义的主动建构者。

根据以上研究，我们给"教育信息化"重新定义。"教育信息化"有两层含义：一是把提高信息素养纳入教育目标，培养适应信息社会的人才；二是把信息技术手段有效应用于教学与科研，注重教育信息资源的开发和利用。教育信息化的核心内容是教学信息化，教学是教育领域的中心工作，教学信息化就是要使教学手段科技化、教育传播信息化、教学方式现代化。教育信息化，要求在教育过程中较全面地运用以计算机、多媒体、大数据、人工智能和网络通讯为基础的现代信息技术，促进教育改革，从而适应正在到来的信息化社会提出的新要求。

二、课题研究的目标

1. 通过该课题的研究，借助录屏软件和视频摄制技术，开发和制作系列信息化课例，形成信息化微课资源库，使这些资源成为教师教学的优质资源。

2. 通过该课题的研究，更新教师教育理念，提高课题组成员教学研究、视频摄制和课件制作等能力。

3.通过该课题的研究,在信息化背景下探讨培养乡村小学学生自主探究、合作学习能力的策略,让信息化教育真正发挥实效,促进农村学生的自主探究以及合作学习能力的提高。

三、课题研究的内容

1.教育信息化背景下乡村小学生自主学习能力发展的现状研究。

2.教育信息化背景下乡村小学教师信息技术与学科教学相整合能力的现状研究。

3.如何运用现代化的信息技术工具进行自主探究学习。

4.信息技术背景下,通过构建小组,培养乡村小学生合作学习能力的研究。

5.如何将传统教学的传授模式和信息技术的利用进行有机的整合。

四、课题研究的对象

乡村小学师生。

五、课题研究的意义

(一)培养学生自主学习和合作学习能力

学生在教育信息化背景下的自主学习和合作学习,促进了学生信息技术和自主学习与合作学习能力的双重优化,提高了学生学习的积极性、主动性。学生从单一、被动、接受式学习慢慢转变成利用现代信息技术开展自主学习、合作学习与探究学习。学生成了学习的真正主人,更有助于学生的全面发展。其具体表现是:对学习有兴趣,会选择学习内容,会与他人合作与分享,会自主查阅、搜索资料,并学会对自主学习结果进行评价,等等。他们逐步掌握了自主学习和合作学习的技巧、规律,获得终身学习的习惯和方法。

(二)提高学生处理信息的能力

尼葛洛庞帝提出:面对无际的信息海洋,人们不可能也没有必要掌握所有的信息,而应该掌握的是"关于信息的信息"。当人们处于学习环境、工作环境和生活环境均达到高度信息化的社会中,信息处理能力就是所有社会成员应具备的如同"读、写、算"同等重要的生存能力之一。

在本课题研究中，教师注重培养学生的信息处理能力，使学生能从搜集的材料中，最大限度地抽取出对解决问题有用的信息。目前，学生已初步掌握从丰富多样的信息中选择、分析和鉴别自己所需要的信息的能力，并能够积极地表达自己的研究成果，激发创造信息的潜能。

（三）提升教师运用现代教育技术的能力

皮亚杰认为，在有关教育和教学的问题中，几乎没有一个不是与教师有联系的。本研究课题是以学生自主学习为中心的教育，但需要通过教师的精心组织和创造性指导，才能实现课题研究的目标，这就对教师提出了更多、更高的要求，特别是对现代教育技术的运用能力。在培养学生自主学习能力的过程中，教师也同时获得了自我发展。

六、课题研究的方法

1. 问卷调查法。在实验前测、后测工作中主要采用问卷调查法，通过设计书面征询问卷和问话调查方式搜集研究材料，获得实验所需的材料和信息，并进行相关分析，形成报告。

2. 文献研究法。通过网络和书籍搜集有关教育信息化的资料，了解教育信息化背景下培养学生核心素养的现状，并将相关的文献资料，借鉴到本课题的研究中。

3. 案例研究法。使用信息化手段进行教学，结合课堂效果记录，研究粤东山区城乡结合部小学高年级学生的接受能力，最终形成适合学生情况的教学策略。

4. 行动研究法。根据研究中遇到的具体情况，边实践，边修改，边完善，不断反思、总结，实现理论与实践、成果与应用的有机统一。

5. 经验总结法。通过对实验过程中的具体情况进行归纳与分析，使之系统化、理论化，形成论文和可供借鉴学习的综合实践活动指导方案。

七、技术路线

资料研究（收集利用信息技术进行课堂教学的研究资料）→调查研究（调查学生学习方式和教师教学方式现状）、访谈研究（与实施新的教学方式的老师和学生进行交流）→案例研究（优质教学方式和学习方式的展开、反思、改进）→策略研究（形成方法、技术和能力，推广优质教学和学习模式）。

八、课题研究的计划

第一阶段：准备阶段（2018 年 12 月—2019 年 1 月）

多方论证，开展学校教师教学方式和学生学习方式现状的调查、分析；排查信息设备配备情况，购置信息设备及配套软件，对参与人员进行信息技术培训和相关理论学习，确定研究目标内容，成立课题组。

第二阶段：实施阶段（2019 年 2 月—2020 年 9 月）

2019 年 3 月 1 日—31 日，形成开题报告。

2019 年 4 月 1 日—6 月 31 日，对文献资料的典型案例进行研究，通过对优秀的探究教学案例进行深入的剖析、描述、归纳与提炼，寻找适合的教学方式。

2019 年 7 月 1 日—2020 年 7 月 3 日，校本化实践案例研究，采用指导"自主学习、合作探究"学习方式开展教学实践，通过同课异构、公开课等教学"比武"活动，形成适合农村小学学生进行自主学习和合作学习的教学方式。

2020 年 7 月 4 日—10 月 31 日，结合新的教学方式和学习方式在实际教学中的效果，在积累一定经验的基础上撰写心得体会和论文，探索新的教学方式和学习方式的推广应用模式。

第三阶段：总结阶段（2020 年 11 月 1 日—30 日）

课题组进行分析、反馈、总结和反思，完善适合农村小学学生的教学方式和学习方式，撰写好结题报告，做好结题工作。

第四阶段：推广阶段（从 2020 年 12 月起）

深化新方式在教学中的应用，做好新方式的推广工作。

九、课题研究的主要过程和活动

（一）实施问卷调查，为课题研究导航

2019 年 4 月，课题组通过纸质问卷调查的方法，面向不同年级的学生，做好学生和教师的随机抽样调查。这次调查设计了几个内容，包括学习状态、课前预习、课堂知识理解、课后复习等方面，分析了教师的"教"和学生的"学"的现状，为开展"教育信息化背景下培养乡村小学学生自主探究、合作学习能力的策略研究"这一教育科研课题提供了实验依据。

（二）理论先行，为课题研究提供保障

1. 理论指导：课题组组织讲座，围绕课题的课题研究的支撑理论，关于

"教师指导"与"学生自主"的主体性教育观和课题研究的支持性理论——建构主义理论组织学习,指导教师注重从教学案例中分析出理论观点,要认真研究哪些教学行为体现了怎样的教师观、质量观、学生观,哪些教学行为注重了从认知的角度或从知识结构的角度去展开教学。让教师学会把案例中体现的教学经验、行为提升到"说清其理论依据"的层面上,学习和体验从教学实践经验"如何上升"为教育理论的过程,促进教师从经验到理论的升华。

2. 阅读书籍:课题组结合学校的读书活动,组织成员认真读书,自主学习课题研究方案及相关理论知识,如阅读《自主学习:学与教的原理和策略》《自主学习与小组合作相结合的教学模式的探究》等书籍。这些学习使课题组成员增加了理论知识的储备,为进行课堂实践夯实了理论基础。教师还结合学习的文章撰写学习心得,为课题研究奠定坚实的理论基础。

3. 网络学习:利用业余时间搜集并阅读大量网络资料,同时通过网络学习平台,学习他人如何促进小学生自主学习和合作学习能力提高的方法,从而避免自己走弯路。

(三)积极实践,为课题研究注入动力

1. 对文献资料的典型案例的研究。这是课题实施方案中"研究方法"提到的:本课题采用案例文献研究法,先是找案例,课题组成员每人围绕自己所教年级,通过搜索查找,提供一篇案例,目的是让大家了解什么是案例,经过比较,认识好案例的特征。然后围绕一篇典型案例进行研究评议,通过对优秀的探究教学案例进行深入的剖析,描述、归纳与提炼,关注这些精彩探究教学案例中的"教学创意"与"实践智慧",研究指导学生探究学习的一般原则与多样化的探究教学设计思路,并对其有效性进行分析与解释。

2. 实验班进行教学试验。课题组每人围绕指导学生自主探究合作学习的教学实践,撰写一篇教学案例,在小组内交流完善。每个成员在自己任教的班级采用指导"自主学习、合作探究"的学习方式开展教学实践。研究的技术路径基本是先确定研究假设(指导方法的选择)—依据假设设计教案—小组讨论教案—课题实施—撰写案例—研究案例,在试验基础上总结经验,及时发现不足之处,进行改进,深入研究,形成理论。

3. 开展公开课比赛、教学设计大赛等活动。课题研究期间,课题组成员在不同年级进行了教学设计大赛、公开课比赛。在一系列活动中,课题组成员不断探索如何更好地激发学生学习兴趣，使其自主学习，与他人合作，感受学习的乐趣。

课题组开展公开课比赛活动

（四）及时整理，总结经验

1. 及时整理、收集研究资料（开展公开课的资料、开研讨会图片等），为深入推进信息化教学模式打下坚实的基础。

2. 开展"信息化教学人人知"活动。进一步认识信息化教学，合理地使用信息手段，推广和普及教育信息化知识，真正发挥信息化教育技术在小学农村教学中的有效作用，让师生亲身经历信息化教学的过程，从而提升教育信息化背景下培养乡村小学学生自主探究、合作学习能力的价值。

自课题开展以来，课题组的全体教师团结一致，群策群力，着眼于学生，着眼于课堂，利用信息化手段助力课堂教学改革，并不断总结优化，改变教师的教学行为，改变学生的学习方式，促进学生的自主发展。

十、课题研究取得的成果与结论

从 2019 年 3 月本课题立项开始，经过 20 个月的课题研究，我们结合农村小学高年级学生特点，围绕"教育信息化背景下培养乡村小学学生自主探究、合作学习能力的策略"这一主题进行读书、学习、实践、思考，收获颇丰：学会了运用信息化教学的技能，改变了教学理念。更重要的是，通过信息化手段，学生改变了原有的被动学习状态，逐渐学会了自主探究、合作学习，提高了自主探究以及合作学习的能力；教师也由原来的照本宣科，转变为关注学生的学情，并对课堂上出现的疑点难点，有更敏锐的观察力。

（一）本课题的创新之处

教师充分运用各种信息设备及网络资源，掌握信息技术，将新的教学手段与各学科知识的学习结合起来，让学生学习摆脱了时空的束缚。在教育信息化背景下，学生独立地获取知识，主动地探究，积极地合作，从而形成终身学习的能力。

1.研究内容的创新。

之前对信息化教学的课题研究大而全，而我们本次课题研究定位于乡村小学学生，这样就能更有针对性地研究教育信息化背景下培养乡村小学学生自主探究、合作学习能力的策略。

2.教育信息化方面的创新。

（1）利用简单的录屏软件，录制结合数学课本的《动漫故事城堡》，这些动漫故事生动有趣。学生通过课前观看，了解新课内容，进行自主探究；通过课上观看，进行合作学习，掌握新课知识；通过课后观看，弥补上课时没有掌握到的知识，突破难点，有利于提高学习效率。

（2）录制结合现实生活的《生活万花筒》微课视频，包含有生活拓展、微练习等。此类微课音乐美、画面精，能将生活融入到数学中来，让学生在休闲中快乐学习，在放松中思考，拓展课本内容，调动学生积极性，促使学生产生自主探究知识的欲望。

（3）乐育小学开展多层次的教育信息化技术培训，使教师能根据城乡结合部村小学学生的实际，制作出适合学生使用的微课视频。

（4）形成结合课本的"课时微课"和结合小升初的"总复习专题微课""拔高微课"等各种类型的微课资源库，让乡村小学学生真正实现自主探究、合作学习，达到"哪里不会点哪里"的效果。

（5）学校统一订购《智乐园》教学光盘，光盘中包含"跟我学"系列微课、"内化提高""闯关挑战"游戏等内容，利用这些光盘，让教师的备课、信息化教学变得更加轻松、高效。

（二）课题研究取得的成果

1.转变了学生的学习方式，促进学生的主动发展。

研究前，我们对学情进行分析，发现多数学生一般只习惯于思考老师向他们提出的问题，而不会主动地去发现问题、提出问题。而在自主探究性学习的课堂上，学生能够独立或以小组合作的形式进行探究性学习，能够交流、分析、得出问题的答案。他们时而专心聆听，时而激烈争论；时而独立探究，时而合作交流。过去课堂上教师讲、学生记，教师说、学生做的沉闷劲不见了，如今的课堂上涌动着生命的活力，学生积极探究数学的奥秘。通过探究课的实践操作，教师把学生置于知识的发现探究者位置，不断地激励学生发现问题，并引导学生主动、独立地探究学习。这样，学生的主体性、能动性和独立性不断生成，使学习过程成为学生发现问题、提出问题、分析问题、解决问题的过程，培养了学生的主动探究意识和团结协作、勇于创新的精神，促进了学生素质的提高。

2. 提高学生处理信息的能力。

尼葛洛庞帝提出：面对无际的信息海洋，人们不可能也没有必要掌握所有的信息，而应该掌握的是"关于信息的信息"。当人们处于学习环境、工作环境和生活环境均达到高度信息化的社会中，信息处理能力就是所有社会成员应具备的如同"读、写、算"同等重要的生存能力之一。

在本课题研究中，教师注重培养学生的信息处理能力，使学生能从搜集的材料中，最大限度地抽取出对解决问题有用的信息。目前，学生已初步掌握从丰富多样的信息中选择、分析和鉴别自己所需要的信息的能力，并能够积极地表达自己的研究成果，激发创造信息的潜能。

3. 改变了教师的教学行为，促进了教师的专业化成长。

当教师面对多年传统的教学课堂突然变得如此活跃，他们曾经茫然过：这样的课堂该怎样上？对于学生自主探究教师该怎样教？在课题研究一步步的摸索和实践中，课堂中教师的"教"不断让位于学生的"学"，教师的"知识灌输"不断让位于学生的"主动探究"，教师的"总结结论"不断让位于学生的"交流讨论"，师生双方相互交流、相互沟通、相互启发，分享彼此的思考，交流彼此的情感体验，从而达到教学相长和共同发展。

4. 提升了教师运用现代教育技术的能力。

皮亚杰认为，在有关教育和教学的问题中，几乎没有一个不是与教师有联系的。本研究课题是以学生自主学习为中心的教育，但需要通过教师的精心组织和创造性指导，才能实现课题研究的目标，这就对教师提出了更多更高的要求，特别是对现代教育技术的运用能力。在培养学生自主学习能力的过程中，教师也同时获得了自我发展。

（三）形成了本课题独特的"观点"

1.实验案例教学体现了"教与学"相结合的特点。

我们的教育信息化里面的微课资源库可以帮助学生利用碎片化时间自主学习，尤其在课前预习和课后复习中显得尤为主要。但是，仅凭"讲解"，犹如在岸上学习游泳，应该学练结合。在微课视频资源中，我们多数进行的是讲授型辅导。为了检测学生的学习效果，我们要结合所学内容设置有梯度、有目标的学习单，让学生在资源辅助的情况下，逐步理解、内化，通过实践练习，切实掌握知识技能，做到"教"与"学"紧密结合。

2.实验案例类型体现了多样性的特点。

我们的微课既有新课讲授，又有复习课讲解；既有课前预习，又有课后辅导，提高预习的针对性和辅导的辐射面，有助于培养学生自主探究学习的兴趣。

3.实验案例的视野体现了"内外结合"的特点。

教师大多数是从课堂教学的角度出发，对学生的不同学习阶段进行有针对性的辅导。但是数学知识来源于生活，学习的范围绝不仅限于课本、课堂、教师。但是，我们课题的研究案例拓宽了学生学习的广度，充分调动不同方面的资源，给予学生多方面知识普及或者能力提升，促进多元化内容的充实，在"生活化"环境下全面培养学生自主探究、合作学习能力。

十一、研究成果列表

（一）建立了针对农村小学师生的的微课资源库

涵盖了"数与代数""几何与直观""统计与概率""综合与实践"四个领域的内容，共有 16 张微课光盘。微课资源库中既包含制作精美、实用性强的网络录制微课，又包含针对性强的教师自制微课。微课资源库的建立，改变了农村小学教师的教学方式和学生的学习方式，解决了农村小学教学资源匮乏的问题。

（二）成立了杨志东名师工作室

课题组成员在杨志东名师工作室成立以后都积极加入，成为工作室成员，在杨志东主持人的带领下，通过讲座、示范课、帮扶结对等活动，迅速地成长起来，成为教学骨干，为课题的研究提供了更好的平台。

张晨副市长与主持人合照

梅州市教育局继教中心李文贞主任与主持人合照

（三）形成了新的教学模式

通过实践，我们探索出了一条适合农村小学的小组合作学习的教学模式，那就是：课前通过微课预习，尝试完成书本的"试一试"；课中发挥学习小组作用，通过交流、合作、练习、点拨、游戏、延伸，使学生形成知识的内化；课后做"人人通"APP反馈，大数据统计分析，有针对性辅导。

公开课上，学生在自主学习汇报

（四）教师获奖情况

课题研究成果和个人荣誉

序号	成 果 名 称	作者	形式	字数	完成年月	出版单位或发表刊物名称、刊号	获奖情况（在何种活动获得何种奖状）
1	梅州市名教师工作室主持人	杨志东			2020 年 3 月		被梅州市教育局评选为首届梅州市名教师工作室主持人
2	《乡村小学数学的翻转课堂的问题与解决策略研究》	杨志东	论文	2417 字	2019 年 12 月		在第十届"中国移动'和教育'杯"全国教育技术论文活动中荣获优秀奖
3	《信息时代下小学数学教师核心素养的现状及提升策略》	杨志东	论文	5295 字	2020 年 5 月		在 2020 年广东省中小学信息技术教育优秀论文、教学设计活动中荣获二等奖
4	"利用数学微课资源，培养粤东山区城乡结合部小学高年级学生创新学习方式的研究"成果专辑	课题组成员	教学成果	10 万字	2019 年 10 月	立项编号：gdjyzy 017054	课题被广东省技术中心评为优秀等次

序号	成果名称	作者	形式	字数	完成年月	出版单位或发表刊物名称、刊号	获奖情况（在何种活动获得何种奖状）
5	优秀辅导老师（学生杨芷莹、钟坤康）	杨志东	比赛		2019年7月		在广东省第十届"小小科学家"少年儿童科学教育体验活动中被评为"优秀辅导老师"
6	广东省能力提升工程2.0多技术融合试点校	杨志东等					被梅州市教育局推荐参评"广东省能力提升工程2.0多技术融合试点校"
7	"可能性"	杨志东	教学设计	6717字	2020年5月		在广东省中小学信息技术教育优秀论文、教学设计活动中荣获二等奖
8	《关注小学校园安全 双手托起明天的太阳》	杨志东	论文	2656字	2020年5月		在广东省中小学信息技术教育优秀论文、教学设计活动中荣获二等奖
9	"信息技术与山区课堂教学深度融合的策略"	杨志东	讲座		2019年11月		在嘉应学院举办的"梅州市中小学信息化教学设计高峰论坛"上做讲座，并在梅州市进行全程网络直播
10	梅州市第九届教育科研课题成果	主持人：杨志东	课题成果		2020年8月		获梅州市教育科研课题成果一等奖
11	北师大版小学数学六年级上册"比赛场次"	蔡闻	教学设计	3906字	2019年4月		在广东省中小学信息技术教育优秀论文、教学设计活动中荣获二等奖
12	"比赛场次"	蔡闻	教学设计	3906字	2019年5月		在梅江区小学数学优秀教学论文（教学设计）评选活动中荣获二等奖
13	梅江区优秀德育工作者	蔡闻			2019年8月		被梅江区教育局评为优秀德育工作者
14	线上教学优质课"等式与方程"	蔡闻			2020年6月		在梅江区线上教学优质课评选活动中荣获一等奖

续表

序号	成 果 名 称	作者	形式	字数	完成年月	出版单位或发表刊物名称、刊号	获奖情况（在何种活动获得何种奖状）
15	《乡村小学生数学合作意识和能力的培养》	陈正烈	论文	2185字	2019年11月	《速读》CN42-1841/I	
16	"平面图形面积的实际应用"	黄利清	课例		2020年6月		在梅江区线上教学优质课评选活动中荣获二等奖
17	"图形的认识与测量（一）"	黄利清	课例		2020年6月		在梅江区线上教学优质课评选活动中荣获一等奖
18	北师大版小学数学四年级下册《优化》教学实录及反思	黄利清	教学设计		2020年5月		在2020年广东省中小学信息技术教育优秀论文、教学设计活动中荣获二等奖
19	北师大版四年级下册《三角形分类》	陈丽芳	教学设计		2020年5月		在2020年广东省中小学信息技术教育优秀论文、教学设计活动中荣获一等奖
20	《复学后，关于上好小学数学课的思考》	陈丽芳	论文		2020年6月		在2020年梅江区小学数学优秀教学论文评选活动中荣获二等奖
21	小学数学说课比赛	张丽梅			2019年11月		在2019年梅江区小学数学说课评比活动中荣获二等奖
22	《在"互联网+"环境下培养学生自主学习的探索》	吴莉兰	论文		2019年4月		在2019年广东省中小学信息技术教育优秀论文、教学设计活动中荣获三等奖
23	"比的认识——比的化简"	吴莉兰	课例		2019年10月		获2019年度梅江区"一师一优课、一课一名师"活动区级"优课"

（五）成果辐射

通过课题研究，我们形成了微课教学模式，并进一步将课题研究成果向外推广，主要包括以下几方面。

1. 课题成果在五华县推广。

2019 年 5 月 17 日，课题组成员黄利清老师在主持人的带领下，来到五华县河东镇中心小学，开展了为期一天的送教下乡活动。黄利清老师为大家上了一节北师大版四年级下册"数学好玩"第三课时"优化"。主持人杨志东副校长负责此次活动的组织工作。此次名师送教活动，吸引了五华县各乡镇小学的业务领导、教研组组长、骨干教师约 100 人参加。活动共有三个环节：课堂教学、评课、讲座。生动的课堂、精彩的点评、引人入胜的讲座，让在场的每一位老师享受了一场数学的饕餮盛宴。

2019 年 5 月 17 日，课题组成员到五华县河东镇中心小学开展送教下乡活动

课后，杨志东副校长以黄利清老师的示范课为例，做了"巧借微课，推动信息技术与小学数学学科的深度融合"的讲座，推广课题组微课教学模式，引起了与会教师的共鸣。

　　经过这一次送教下乡活动，五华县各乡镇的老师们在聆听、讨论、交流中获得了很多的宝贵经验，提升了自己的专业水平；同时也进一步发挥了优秀教师的引领、辐射作用，实现"互助交流、共同发展"目标。

　　2. 课题成果在大埔县推广。

　　2019年12月6日，课题组成员在主持人的带领下，来到大埔县张云栽实验小学，开展了为期一天的送教下乡活动。课后，课题主持人杨志东老师向大埔张云栽实验小学的老师们做了"信息化时代下的数学教育"的专题讲座，介绍了课题研究的成果和创新之处。

课题组成员到大埔县张云栽实验小学开展联合研修活动

课题组成员在大埔县张云栽实验小学上展示课

3.课题成果在梅县区推广，并被梅县电视台"梅县教育"栏目报道。

为推广课题成果，课题组成员梅县区北师大附属小学的黄利清老师以微课教学模式，为该校的学生上了一节示范课"组合图形的认识"。黄利清老师很好地把微动漫带入课堂，让学生置身于故事中，感受知识的生成过程，激发学生的求知欲，很巧妙地带动了学生学习的积极性，使学生进入兴趣盎然的学习活动中。课后，她把"巧借微课，让信息技术与小学数学学科深度融合"的课堂模式介绍给了参加看课的老师们，引起了大家的共鸣。黄老师接受了梅县区电视台的采访，把如何"巧用""巧抓""有趣""高效"使用微课教学的先进经验推广出去。这节课后来被梅县电视台"梅县教育"栏目作为引领新时代课改的示范课。

"梅县教育"栏目采访课题组成员黄利清老师

4.课题成果在梅江区推广。

（1）送教到三角桂林学校。2019年12月，课题组来到梅江区三角桂林学校，不仅为农村的学校送课，主持人杨志东老师还为桂林小学的全部教师做讲座，引领农村小学的教师提升微课使用水平。

课题组成员到梅江区三角桂林学校开展送教下乡活动

（2）2020年，梅江区小学数学线上教学优质课例评比活动在杨志东名教师工作室举行。

梅江区小学数学线上教学优质课例评比现场

5. 课题成果在高校和全市中小学推广，并进行网络同步直播。

2019年11月24日，主持人杨志东副校长作为嘉应学院特邀嘉宾，参加了"梅州市中小学信息化教学设计高峰论坛"，并在百年纪念大楼121学术报告厅，为400多名嘉应学院卓越班学生和梅州市部分中小学教师做了题为"信息技术与山区课堂教学深度融合的策略"的专题讲座，以课题研究的成果——微课课堂教学模式为例，通过巧借微课，从"课前""课中""课后"三个方面逐步解决遇到的困难，探索出信息技术与山区课堂教学深度融合的有效策略。杨志东副校长的讲座语言幽默、内容翔实、角度新颖、指导性强，为嘉应学院卓越班学生提供了科学有效的信息化教学思路和方法，为梅州中小学一线教师提供了切实可行的教学模式，受到台下400多名师生的高度评价。讲座结束后，杨志东副校长等嘉宾与台下师生进行了互动，解答了台下师生的提问。此次高峰论坛在"教师发展联盟"网站进行了同步直播。通过这次讲座，乐育小学把课题组的"微课教学模式"向梅州市中小学教师和高校学生推广，起到了很好的示范辐射作用。

主持人在"梅州市中小学信息化教学设计高峰论坛"上做讲座

"梅州市中小学信息化教学设计高峰论坛"专家合照

主持人与线上线下观众互动交流

6. 课题成果在全省推广。

（1）2019 年 12 月，课题主持人杨志东以广东省吕崇平名教师工作室为平台，亲自为来自汕头等各地的广东省乡村骨干教师上了"比的化简"等示范课，并结合上课课例做了关于"如何灵活制作和应用微课教学"系列专题讲座，把我们课题组的研究成果和先进经验、做法向全省骨干教师推广，起到了很好的示范带动作用。

主持人杨志东老师为省级骨干教师上"比的化简"示范课

主持人杨志东老师为省级骨干教师做专题讲座

省级骨干教师评课教研活动

省级骨干教师与学校领导合照

为了更好地推广我们的微课教学模式，课题组加盟了广东省教育厅重点项目"微课应用创新研究合作共同体"，让微课应用创新教学辐射到全省。

工作室指导专家梁媛民教师做"让素质与成绩齐飞"专题讲座

课题组成员与嘉应学院张登山教授合影

7. 课题成果在全国推广。

我们课题组的翻转课堂模式代表梅州市送至广东省参评基础教育信息化应用典型示范学校，我们的微课教学模式在天津召开的 TEC 全国教研会上进行推广，得到了大家的一致赞赏。

工作室学员俞康昌在新疆开展送教下乡活动

工作室学员谢秀珠在新疆

工作室学员吴佳芬在做援疆事迹报告

我们的课题成果通过梅州市杨志东名教师工作室的 4 位援疆学员（谢秀珠、俞康昌、吴佳芬、廖雄理）向新疆各小学辐射，受到当地人民的一致欢迎。

十二、反思与改进

（一）反思存在的问题

随着课题研究过程的深入，研究中的问题也就不断产生。我们针对问题不断思考，不断补充研究的措施，但仍有问题难以解决，主要有：

1. 理论认识水平有待提升。限于研究者都是一线教师，我们比较多地关注行动研究，对课题的支撑理论学习与应用显得相对单薄，尤其是心理学、教育法等方面，底气往往显得还不足。

2. 教师担心万一放手让学生充分进行自主探究性学习，就容易导致课堂容量的减缩和教学进度的放慢，导致教学内容无法完成。因此，部分教师在实际操作过程中会有意无意地回归到过去那种完全由教师牵着学生走的教学方式中去，在某种程度上必然会制约课题的进一步推进。

3. 教师实际研究能力有待提高。在实践过程中，我们发现自主探究的"度"难以把握：自主学习失控就会"放野马"，探究学习过头就会"钻牛角尖"。同时教师"导"的尺寸也很难把握，过于担心学生的能力就会越俎代庖，一味相信学生的能力又会天马行空。

（二）改进的措施

根据以上问题，我们做了如下改进：

1. 继续抓好理论学习，进一步改变教师的教学观念。

2. 继续对典型案例进行研究。案例主要选取课题组教师自己的教学实践，研究的侧重点是从教学案例中归纳出问题并进行分析，对探究式学习中教师的不同指导策略进行描述、归纳与提炼，对这些策略的实效性进行分析与解释，了解不同指导策略的效果，即有何成功之处、闪光点是什么；不足又在哪里，最终提炼出有效指导学生自主探究的策略，为课题结题做准备。

3. 继续加强科研指导工作。科研室继续严格管理，积极推进，认真组织各项研究活动，及时对案例深入研究和论文撰写予以指导。

4. 本课题具有很强的实践性，我们的研究还只是停留在较为浅显的层次，今后还需不断深入研究，向更深的层次延伸，从实践层面不断提升到理论层面。如有条件或配以精选的案例（光盘）及深度剖析，从而最大程度地发挥本课题研究的应用价值。

"小学图形与几何领域学生数学基本活动经验积累与培养的研究"结题报告

梅州市梅江区江南育才小学　巫智敏

【提要】本课题"小学图形与几何领域学生数学基本活动经验积累与培养的研究"是梅州市"百千万人才工程培养指导中心"的教育科研课题。数学活动与活动经验的育人价值及其对学生的学习、生活和未来发展的重要意义却越来越受到我国众多数学教育家的关注和重视。数学课程标准也将"双基"过渡到"四基",即增加了"数学基本思想"和"数学基本活动经验"。从2016年6月至2019年6月,江南育才小学数学课题组教师经过为期三年多的认真研究和探索,把新课程标准的新思想、新理念和数学课堂教学的新思路、新设想结合起来,围绕"小学图形与几何领域学生数学基本活动经验积累""空间与图形教学中有效的学生学习活动和效果"等理论学习,通过文献研究法、调查法、个案研究法、比较分析法、经验总结法等多种研究方法,着力探索小学图形与几何教育中优化教学策略、增强课堂效率、提高教学质量的有效途径。结合小学数学学科教学理论,现将本课题的研究情况总结如下。

一、课题立项研究背景

我国过去的数学教学大纲、教材经历过数次改革,但从过往"几何"的课程内容和目标看,小学阶段主要侧重于长度、面积和体积的计算,较少涉及三维空间的内容。同时,由于教学内容呈现方式比较单一,学生的空间观念、空间想象力难以真正有效地发展。又由于几何内容的过分抽象化和形式化,缺少与现实生活的紧密联系,使直观优势没有得到充分发展,"图形与几何"的教育价值就不能得到全面、充分的体现。因此,我国最新颁布的《义务教育数学课程标准》(以下简称《课标》)把"几何"扩展为"空间与图形",

明确了"空间与图形"主要研究现实世界中的物体和几何图形的形状、大小、位置关系及其变换，它们是人们认识和描述生活空间、进行交流的重要工具。正因为位置与方向、观察物体、图形变换等知识多是新教材中的新增内容，不少教师对编排这些内容的重要意义认识不足，对这些教学内容缺乏研究，或者对新编内容的不适应而难以制定出合理的教学策略，使教学不能得心应手。针对这些新变化，如何更科学地、有效地实施教学，真正达到新课标所提出的要求，如何在我们的课堂教学中注入新课程的新元素，是我们每个数学教师必须面对的问题。因此，进行小学图形与几何领域学生数学基本活动经验积累与培养的研究，有助于加强教师理解新教材编排这些内容的重要意义和在教学中要实现的具体目标，有助于提高教师对基本知识的理解和正确把握教学的方向与尺度，有助于提高教师教学创造力，制定出合理的教学策略，对落实新课标教学目标具有非常重要的意义。同时，对概念教学的有效性研究，也有利于改变学生怕学几何知识，厌学空间知识，远离空间与图形的不良状况，提高学生学习的兴趣与信心。

二、课题研究的意义

积累基本活动经验，形成比较完整的数学认识过程，构建比较全面的数学现实，对于帮助学生获得良好的数学教育，提升数学素养，具有重要的意义。随着新课标的修订，基本活动经验在课程目标中被进一步明确，地位得到进一步凸显，将其作为数学课堂教学的核心目标予以落实已经成为大家的共识。

（一）基本数学活动经验的积累是实施新课程的需要

《课标》在其总体目标阐述中写道："获得适应未来社会生活和进一步发展所必需的重要数学知识（包括数学事实、数学活动经验）以及基本的数学思想方法和必要的应用技能。"在这一目标的阐述中，数学知识的理解发生了变化，数学知识不仅包括客观的、事实性的知识，还包括学习过程中产生的带有鲜明个体认知特征的、属于个人的数学活动经验。教学中关注数学活动经验，是《课标》的要求，是提高数学课堂教学有效性的策略。

（二）基本数学活动经验的积累符合数学学习的实质

张奠宙教授也指出："'数学基本活动经验'是一个新课题，是一项基础性的研究，不妨下点力气研究它。"对它的研究很有意义。首先，掌握好这些基本活动经验，将对学生在整个数学学习过程中产生"正迁移"的影响，能够帮助学生在以后的数学学习、日常生活中养成数学思维习惯，即有一颗"数学的头脑"；其次，它的研究必将进一步凸现学生在数学教学过程中的主体地位，促使教师关注学生的个体差异及体验，实行因材施教，促进学生的个体发展，使每个学生获得最大的利益；最后，数学基本活动经验的研究将会强化教师在数学教学过程中的主导作用，使教师更加明确教学目的，更加主动地参与教学过程的设计。这样，教师不仅仅是教育者，还应是教育的研究者，有助于数学教师教学科研能力的提高。

（三）数学基本活动经验有两个层面

从静态上看，数学基本活动经验是一种从属于学生自己的"主观性知识"，是学生经过数学学习后对整个数学活动过程产生的认识，包括体验、感悟、经验等，虽然这只是学习个体主观上粗浅的、感性的认识，或者是不那么严格的隐性认识，但这种经验是有意义和价值的。从动态上看，它是过程，是经历。积累数学基本活动经验更关注过程的教学，"经历过程"不仅仅是让学生经历知识产生的过程、知识的呈现方式，而且包括探究的过程、思考的过程、抽象的过程、预测的过程、推理的过程、反思的过程等等，从而积累观察、操作、猜想、归纳推广等活动经验。

基于以上认识，我们认为进行"小学图形与几何领域学生数学基本活动经验积累与培养的研究"很有必要，很有意义。

三、课题研究的理论依据

本课题研究的理论依据主要来源于三个方面。

（一）建构主义理论

建构主义认为："人的认识不是对客观现实的被动反映，而是主体以已知经验为依托所进行的主动建构的过程。学生是学习活动的认知主体，是建构活动的行为主体。学生作为主体的作用体现在认知活动中的参与功能，没有主动参与的任何传授是毫无意义的。"因此，教师要努力为学生创设有效学习环境，提供有效学习机会，充分发挥学生的主动性，让学生经历观察、操作、想象等学习过程，以真正体现"空间与图形"的教育价值。

（二）教学最优化理论

巴班斯基教学教育过程最优化的理论认为：要达到教学最优化的目的，

教师的教学过程应体现"有效"，尽可能用最少的时间、最小的精力投入，取得尽可能多而优的教学效果，实现特定的教学目标。

（三）知识需要

小学数学"空间与图形"教学是学生学习较复杂数学的重要基础。例如，对于小学平面几何中的添辅助线，非常重要的是要有对图形的切、拼构造能力和图形的对称、旋转、平移的几何变换能力。小学数学"空间与图形"中关于位置以及位置间的关系是基于空间中的基本位置。只有在空间观念的引领下，在空间直觉中，复杂才可以归结为简单。这种能力一方面当然主要是在学习这些知识的过程中生成，另一方面也要依赖于学生在小学阶段的空间与几何的经验、感觉的积累。

四、课题研究的目标

1. 以基于学生数学活动经验积累为宗旨，以北师版小学数学教材为载体，对空间和图形领域的教材进行研读，根据教材的编排选择适合学生学习的课堂组织形式。

2. 通过此次课题的研究，教师进一步熟悉当前的数学教材体系，探索出促进学生在"空间与图形"环节中积累数学活动基本经验的教学组织形式。

3. 通过研究，转变"空间与图形"中被动、单一的课堂教学组织形式，提倡和发展主动、发现多样化的课堂教学组织形式。

4. 通过研究，提高教师自身智慧，提高自身教学艺术和教学涵养，让教师在教学活动中能具有组织者的智慧，真正成为学生学习活动的组织者、引导者与合作者。

五、课题研究的主要内容

数学活动与活动经验的育人价值及其对学生的学习、生活和未来发展的重要意义越来越受到我国众多数学教育家的关注和重视。《课标》也将"双基"过渡到"四基"，即增加了"数学基本思想"和"数学基本活动经验"。因此，我们认为此课题的研究非常有价值，研究一旦取得成果，不仅可以为数学活动理论的完善和实践探索作出贡献，对正在研究和使用活动教学方式的广大教师也会有所启发与帮助。基于以上分析，结合小学数学学科教学理论，我们确立本课题的研究内容主要有以下四个方面。

（一）小学数学图形与几何领域中学生活动的设计

具体地说，学生活动的设计又可以分为：（1）活动情景的创设；（2）活动前的准备；（3）教学活动用具的选择；（4）学生小组学习等活动指引的设计；（5）活动方法与过程的设计等几个子问题。

（二）小学数学图形与几何领域中学生活动的实施

在这个问题中我们计划从教师的指导和学生的合作学习两个层面展开研究。从教师的角度入手可以研究：（1）教师活动前、活动中和活动后的有效指导；（2）教师在学生活动过程中如何巡视；（3）哪种活动形式便于学生形成活动经验等问题。

从学生的角度入手可以考虑：（1）学生活动常规的建立；（2）活动中学生分工合作的原则是什么；（3）如何培养学生良好的倾听习惯等问题。

（三）小学数学图形与几何领域中学生活动后的评价和跟进

在课堂教学活动开展之后，如何巩固学生活动所获得的经验？学生活动经验如何运用？配合活动的有效练习是什么？图形与几何领域中有关知识和学生有关经验在其他领域中的运用等。

以上几项内容中，小学数学图形与几何领域中学生活动的设计与实施是本课题的研究重点，学生活动后的跟进是本课题研究的难点。

基于数学基本活动经验课程教学实践探索的研究，整合十二册教材中"空间与图形"，对其进行整理如下：

1.线与角。

（1）线：线段、射线、直线；（2）角：锐角、直角、钝角、平角和周角。

2.平面图形。

（1）三角形：锐角三角形、直角三角形、钝角三角形；四边形：长方形、正方形、平行四边形和梯形；（2）三角形内角和、四边形内角和；正方形、长方形、三角形、梯形和圆的特征，以及各自周长、面积公式和不规则平面图形面积计算问题。

3.立体图形。

（1）长方体、正方体、圆柱和圆锥的认识。

（2）长方体、正方体、圆柱的表面积公式、体积公式以及圆锥的体积公式。

4.图形与变换。

（1）位置变换：平移、旋转和对称；（2）大小变换：按比例把图形放大或缩小。

知识和思维是互相联系的，在进行某种思维活动的教学之前，教师首先要考虑学生的现有知识结构，了解不同学段学生在"空间与图形"的知识结构，针对不同的学段，设计出不同的教学组织形式，以获得不同程度的数学活动经验。在教学中，只有了解学生"空间与图形"的知识结构，教师才能进一步了解学生思维水平，考虑教新知识基础是否够用，用什么样的教法、设计怎样的教学形式来完成学生数学活动经验的积累目标和数学活动的设计、教学。

依据研究，本课题准备从线—面—体这三个方面来考虑，并根据不同学段学生的年龄特点，运用不同类型，以及对学生积累基本数学活动经验所产生的不同的功能价值，灵活采用相对应的课堂教学组织形式，帮助学生积累操作、交流、猜想、归纳、体验、推广等基本活动经验。

根据学年段的不同，研究具体的多样化的教学组织形式，比如指导学生开展研究性学习、自主学习和合作学习、课件的设计制作和操作等等；同时运行已经研究的具有一定指导性和操作性的教学组织形式，并适时地进行调整。

六、课题研究的方法

本课题研究主要使用文献分析法、行动研究法、调查研究法、个案研究法等方法。

1. 文献分析法。认真学习建构主义理论、现代认知心理学、新《课标》等一些理论或文件精神。对国内外有关学生活动经验、课内外结合等文献的收集和研究，使课题研究的内涵和外延更丰富、更明确、更科学，争取在现有研究水平的基础上有提高和突破。

2. 行动研究法。在数学课堂教学中，勤于将从课题研究中获得的教学理念转化为教学行为，在实际教学过程中不断总结、反思、修正、再实践，逐步积累经验。

3. 调查研究法。主要调查数学课堂教学的现状、师生发展情况，为课题研究的顺利进行提供科学依据。

4. 个案研究法。从本课题研究目的出发，针对具体课例、某一教学阶段或者某一学生不同发展时期等进行个案研究，研究不同层次学生对"空间与图形"中概念的理解、概括及口头表达能力等，最终提炼出共性的结论。

5. 经验总结法。在实验过程中，积极撰写有一定价值的经验论文，采取总结规划，分步推进的实验策略，有记录，有检测，有总结，定期进行和定性分析。

七、课题研究的步骤及过程

本课题所有成员将重点围绕在"'空间与图形'领域学生基本数学活动经验积累的课堂教学组织形式研究"这一项目，全体参与研究成员克难攻坚，对课堂教学组织形式将进行重点研究。本课题研究分四个阶段进行。

第一阶段：准备、初步实施（2015 年 12 月—2016 年 6 月）

1. 召开课题组会议，明确各人研究内容和工作职责。

2. 搜集整理相关资料，组织开展理论学习。学习"空间与图形"基本数学活动经验相关理论研究成果，明确本课题研究的理论基础，使课题组成员了解学生活动的基本内涵，对学生数学课堂活动有一个整体性的一般认识；对活动教学的相关理论、基本概念的界定、理论基础等问题进行探讨。

3. 在江南育才小学开展"小学数学图形与几何领域学生数学活动情况"调研，并完成调研报告。

4. 召开课题开题会，确定课题实施计划和实施方案，分配子课题并根据研究内容制订好具体的研究计划。

第二阶段：实验阶段（2016 年 7 月—2017 年 12 月）

1. 修订完善实验方案。

2. 课题组成员根据各自的研究内容，从"图形与几何领域中学生活动的设计、实施、活动后的跟进与活动评价"这四个方面进行研究、实践、反思和再研究、再实践，尝试构建图形与几何领域中学生高效活动的策略。

3. 设计出一些有质量的"空间与图形"基本数学活动经验的教学组织形式。举行课题阶段性研讨活动，邀请一线教师和教育教学专家从不同层面进行实践和指导。

4. 撰写课题实施心得与体会，并分子课题进行阶段性总结。

第三阶段：深化研究（2018 年 1 月—12 月）

1. 总结回顾前阶段研究的工作情况。

2. 阅读有关资料，设计条件施加，并在课内有机渗透。

3. 做好研究记录，及时分析有关情况。

4. 做好课题实验的监测、评估和验证工作。

5. 精选范例，深化图形与几何领域学生数学基本活动经验积累与培养的研究。

6. 撰写阶段性实验报告和论文。

本阶段中，课题成员要深入所在学校进行听评课活动，对图形与几何领域教学模式的构建提出合理化建议；召开课题研讨会，汇报研究进展情况，交流经验与困惑，组织课题中期评估。

第四阶段：总结结题（2019 年 1 月—6 月）

1. 整理课题研究所有资料和数据，进行统计分析。

2. 对整个研究过程和研究结论进行课堂实践后的反思与研究，形成研究成果。

3. 撰写课题研究报告，开展课题结题汇报展示活动，进行结题鉴定。

八、主要参加者的学术背景、研究经验和课题组成员的分工

课题组负责人巫智敏是学校数学教研组组长，曾参与研究广东省教育厅委托课题"中小学骨干教师专业发展研究"的子课题"小学数学有效教学实验研究"，是课题的主要成员之一，具有一定的研究经验和实践能力，有多篇教学论文在省级以上专业教学刊物上发表。课堂教学中，她强调学生课堂活动的必要性和重要性，注重学生的全面发展，对本课题的研究有独到见解，有较强的组织能力。本课题组成员都是教学经验丰富的骨干教师，如谢桂珠、廖桂红等教师在数学教学方面均积累了丰富的经验。此外，还有多人参加过专业能力培训，有一定的实验和科研能力。课题组其他教师研究水平和时间保证：多数教师都曾经主持或参与过各个级别的课题研究，具有一定的研究经验，又年富力强，能吃苦，肯钻研，长期工作在教学一线，有足够的精力和时间参与课题研究。课题组全体成员将根据自己的实际情况，对研究内容中的某项子问题展开研究；根据自己的教学实际选择某个教学内容开展图形与几何领域学生数学基本活动经验积累和培养的教学实践，通过结合图形与几何领域学生数学基本活动理论，对具体的课堂教学实践的研究形成研究结果。另外，我们还参阅了业务书刊，搜集了与本课题研究相关的资料信息，开展了前期的调研、分析工作和相关理论学习。数学课题组按年级备课组进行分

工，由课题组主要成员负责查阅相关文献资料；搜集调查问卷等材料，并进行相关材料的分析整理和跟踪反馈；负责数学活动研究以及提供课例和跟踪反馈。

九、课题实验研究主要措施

（一）加大对课题的宣传力度，营造课题研究的氛围

"小学图形与几何领域学生数学基本活动经验积累与培养的研究"这一课题在江南育才小学数学教研组立项以来，全体数学教师以年级备课组为单位开展实验研究。我们首先了解课题实验的宗旨和目的，关注课题组的其他活动进展，并结合实际展开研究工作。自2016年10月筹备，2018年2月获得立项并开展以来，先后十多次以校本专题教研方式宣传该课题的研究方向、目的及内容，并以备课组教研方式开展课题研究。在广大实验教师中征集、交流以"图形与几何领域学生数学基本活动经验积累与培养的研究"为主题的个案、经验总结、教学设计、心得体会等。

十、课题研究成果

（一）在数学活动观指导下，总结小学数学空间与几何教学理论，成果显著

课题研究期间，主持人和全体实验教师在学习实践中提升，共撰写论文6篇，注重课例实践和优质课的研磨和开发，开展说课—上公开课—听课—评课—反思等系列实践研究，其间共形成优质课例6节，发表论文共5篇；在录像课、优课、说课、课件资源等业务比赛中获奖多项；结集了以本课题实验研究相关的图片、研究报告、研究论文、教学设计反思、说课等形成结题成果专辑。

课题实验的成果展示形式：（1）研究报告的撰写；（2）实验活动的图片、音像资料；（3）实验过程中实验观察、分析记录；（4）优秀论文集；（5）优秀数学教学设计集。

重要阶段性研究成果

成果名称	作者	形式	字数	完成年月	出版单位或发表刊物名称、刊号
《"估"中感悟，"量"出真知》	巫智敏	论文	2059字	2016年6月	发表于《广东教学》国内统一连续出版物刊号：CN44-0702/F
《联系生活实际，突显模型思想》	巫智敏	论文	2350字	2017年6月	《学校教育研究》杂志（刊号：ISSN1673-0348；CN13-1351/TN）

成果名称	作者	形式	字数	完成年月	出版单位或发表刊物名称、刊号
"长方体的认识"	巫智敏	课例		2018 年 1 月	广东省中小学教师信息技术应用能力培训提升工程培训
《发展空间观念，提升数学素养——〈轴对称（一）〉教学活动设计与思考》	巫智敏	教学反思	2696字	2018 年 10 月	课题组交流
《以学定教 真切构建——〈平行四边形〉教学实践与反思》	吕崇平	教学反思	5566个字	2018 年 5 月	被收录在吉林大学出版社出版的《小学数学教学探索与创新》一书中
"平行四边形的面积"	吕崇平	课件作品		2017 年 10 月	在广东省计算机教育软件评审活动中荣获小学组三等奖
"'班级旧物市场'活动设计方案"	谢桂珠	教学设计	2875字	2018 年 6 月	《考试指南报》　CN42-0094
《"情境教学"让低年级数学课堂迸发新活力》	谢桂珠	论文	2300字	2018 年 4 月	发表于《梅州教育》
《浅谈小学数学图形与几何教学设计策略》	谢桂珠	论文	2074字	2018 年 11 月	校内交流
"三角形边的关系"	谢桂珠	教学设计	3111字	2017 年 5 月	校内交流
《小学数学"图形与几何"的教学实践与思考》	谢远玲	论文	1692字	2018 年 11 月	校内交流
"圆锥的体积"	谢远玲	教学设计	2492字	2018 年 7 月	校内交流
《浅谈小学数学创新学习方法的教学实践研究》	廖桂红	论文	2045字	2017 年 10 月	《新课程》杂志（刊号：ISSN1673-2162；CN14-1324/G4）
《引导学生参与，注重能力培养》	廖桂红	论文	1686字	2018 年 12 月	校内交流
"有趣的测量"	廖桂红	教学设计	3254字	2019 年 4 月	校内交流
《小学数学"图形与几何"的有效教学策略》	黄永元	论文	3320字	2018 年 12 月	校内交流
《你说我搭》	黄永元	教学设计	2716字	2017 年 5 月	校内交流

成果名称	作者	形式	字数	完成年月	出版单位或发表刊物名称、刊号
《趣味活动经验巧学小学数学》	李育芬	论文	2018字	2018年11月	发表于《梅州教育》
《小明的一天》	李育芬	说课稿	2259字	2017年11月	
"前后"	李育芬	教学设计	1716字	2017年11月	校内交流

（二）进行了较为系统的理论学习，促进教师专业发展

三年来，我们开展了十多次专题理论学习，加速了教师教育观念的转变和业务素质、科研能力的提高。

（三）总结了基于校本教研的课题实验研究的有效措施

1. 加强学习，树立新的教育教学观念。

2. 细化课题，促进研究的落实。

3. 以课例研究为本课题研究源头活水，组织实施。

4. 建立规范的集体备课和听课、评课制度，业务竞赛常规化，争先创优促成长。

5. 以生为本，课题理念指导课堂实践，设计丰富的课题活动，为学生发展搭平台，让学生受益。

论 文 篇

坚守教育初心 引领学生精神生命成长

梅州市梅江区江南育才小学　吕崇平

一、基本情况及主要业绩

吕崇平老师，女，中共党员，本科毕业。梅州市梅江区江南育才小学教师、副教导主任，全国模范教师，广东省特级教师、正高级教师，广东省南粤优秀教师，广东省南粤教坛新秀，广东省中小学名教师工作室主持人，广东第二师范学院兼职教师，嘉应学院教师教育专业兼职指导教师，梅州市"教育专家"（是梅州市迄今为止仅评选了两届市"教育专家"共10人中，唯一的小学教师，且是当时最年轻的市"教育专家"），梅州市中小学"嘉应名教师"，梅江区小学骨干教师培训班的实践指导老师，梅江区小学数学教学研究理事会副会长，曾任广东教育学会小学数学第九届理事会理事和广东教育学会校本课程第一届理事会理事。

吕崇平老师，从青葱岁月即登上教坛，到如今已有三十九个春秋。她出身于书香门第，在那个视教师为"臭老九"的年代里长大，选择当一名小学老师，当时并非她的本愿，因为这意味着选择了一种简朴而又清贫的生活，而远离了风光无限的舞台。但每当看到孩子们一张张依恋、纯真、求知的脸，听到他们一声声清脆的"老师好"的呼唤，她深深地感受到自己既是老师，又是母亲，对他们的爱便在她的心中悄然萌发。而她又有责任教他们爱学习、爱知识，乃至爱民族、爱国家，更重要的是要教他们怎样做人，做善良、正直、勇敢的人，成为有益于社会、有益于民族、有益于国家的栋梁。于是她在这个普普通通的岗位上，发现了教师教书育人的意义，也发现了她自己独特的生命价值。

吕崇平老师，怀着对教育的满腔热情，几十年如一日，在对教学的努力探索追求以及与孩子们爱的交织中，一步步成长：从一名乡村教师成长为"城区骨干教师"，广东省南粤"教坛新秀"，广东省南粤优秀教师，再到广东省特级教师，教育部授予的"优秀主持人"称号。2008年，她被评为梅州市"教育专家"，梅州市中小学"嘉应名教师"等国家级、省级、市级荣誉称号、荣誉等共计25项。2010年，她成为广东省首批认定的广东省中小学教师工作室主持人之后，连续四届的广东省中小学名教师工作室主持人她都位列其中，历时十多年。2018年12月，她被评为正高级教师，获得"全国模范教师"的殊荣。

她从近40年的教育教学生涯中，提炼出"本真、和谐、灵动"的教学风格，形成了"聚焦核心素养，培养和塑造完整人格"的教育理念。

数学教育应关注"人"的发展，关注人文关怀、人文情感，让学生真正站在课堂中央，去体验数学、感悟数学、发展数学，掌握数学学习的一般规律和方法，引发"数学思考"，使数学教学变成充满智慧和灵气的学习活动，让学生快乐地学习数学，在数学学习中感受到快乐。

吕崇平的教学和科研成果：主持并完成市级以上课题6项；获得国家级、省级、市级优秀科研成果奖共58项，其中国家级17项，省级16项；被教育部《创新学习研究与实验》总课题组授予"优秀主持人"称号。

她现担任广东第二师范学院和嘉应学院两所高校的兼职教师，梅江区小学数学教学研究理事会副会长和梅江区骨干教师培训班实践指导老师，曾担任广东教育学会小学数学第九届理事会理事和校本课程第一届理事会理事。

她出版发行28万字的个人专著《本真 和谐 灵动——小学数学教学探索与创新》，编辑近百万字的系列成果专著3部，专辑1本；在RCCSE中国核心学术期刊《中国校外教育》《广东省小学数学教学》《教师》《新课程》等教育刊物上发表《小学生创新学习方法研究》《成长为"名师"植根于课堂——指向教师执教能力的实践研修》《愿作春泥育新苗——德育工作应从"心"入手》研究论文等共计60余篇，论文、教学案例等获省级以上奖6项；参与2本省级教案的编写；建立内容丰富且具有较高水平的教学资源库1个等。

她的卓越的教育教学效果和教育科研成果，得到了社会的广泛认同和高度的赞誉，梅州电视台、《梅州日报》、梅州电台等媒体，曾以"愿作春泥育新苗——南粤教坛新秀吕崇平"和"廿十九载潜心推进素质教育——记江南育才小学特级教师、第二批市教育专家吕崇平"等为题，多次报道她教学、育人及科研成果等教书育人的先进事迹。特别是看到她被评选为梅州市"教育专家"的专题报道后，不少学生、家长、老师都欣喜地奔走相告。在他们看来，吕老师是实至名归，吕老师荣获"全国模范教师"当之无愧！

在成就学生、成就自我的同时，吕崇平老师毫无保留地将她的教学和科研经验奉献给广大同行，帮助他们实现专业的快速成长，使一大批骨干教师成长为特级教师、名师、副高级职称教师等。

吕老师开设讲座或示范课共 30 多场次并录制视频，在全省公开发行；带领 5 批省骨干，建立 50 个三级子课题，在各地市学校开展研究；指导教师课题研究 80 余项，省级 51 项。这些课题成果经实践验证，推广应用，成果卓越，指导开发优质课例获市级以上奖 100 多项，其中省级一等奖 12 项。如在广东省第八届、广东省第九届小学数学优质课观摩评比活动中，获 4 项一等奖。其本人荣获广东省第八届小学数学优质课观摩评比活动指导奖一等奖，等等。

二、思想政治与师德品行表现

"一位教师，促成他走向事业顶峰的因素，首先是他的德行，其次才是他的专业。"这是她多年坚持的一条教育理念。她是这样想的，也是这样做的。

吕崇平老师，作为连任四届广东省教育厅首批认定的广东省中小学名教师工作室主持人，既做学校管理工作，又承担着广东省培养、打造广东省基础教育领域的领军人物，实现使骨干教师成名，使"名师"更名的"双名"目标和培养一支高水平专业化创新型的名教师队伍，造就一批卓越教师和教育家型教师的省级骨干教师省级培训跟岗学习的工作任务。同时她还坚守教学一线，坚持上课。她虽然经常外出学习，但外出回来后都会给学生补课，没有少上一节课。她始终以饱满的工作热情，一心扑在工作上，将自己的全部身心、对教育事业的不懈追求、对学生的真挚关爱，融化在教育教学、教改和教育科研的土壤中，兢兢业业，任劳任怨，夜以继日，忘我劳动，默默地辛勤耕耘，教书育人，为人师表，模范履行教师职责，具有崇高的职业道德和奉献精神。工作 39 年来，她没有请过半天的病假，有时身体不适也坚持到校上课。为了上好一堂课，她查阅了大量的相关图书资料准备好教案，经常很晚才睡觉。为了做好教育科研课题，她经常在节假日别人散步、外出游玩时加班。她指导青年教师参加省、市、区各级组织的课堂教学、说课、教学设计等比赛的"课"均能荣获一等奖，但自己只拿过一张广东省第八届小学数学优质课教学观摩评比活动指导奖一等奖的奖状。她帮助教师修改了上百篇论文，没有一篇署过她的名字。她辅导过不计其数的学生，但自己的小孩读小学时，几乎没有主动辅导过他，至今让她每每想起，内心都充满着歉疚，觉得没有把时间分一点给他，没有尽到做母亲的责任。她的母亲常年生病，很希望她能在下班后、假期里去看望、照顾自己，但她却因为工作繁忙不能做到。她也为此深深地感到惭愧，觉得对不起母亲和家人，没能尽到做女儿的责任。但是她始终相信：成小事靠智慧，成大事要靠德行和勤奋。她觉得，思想、政治、师德、品行、敬业、奉献等等，就是表现在这些点点滴滴、年复一年、周而复始的教育奉献历程之中。

三、育人：作为教师生命的独特价值与魅力——用教育家的情怀做教育

从教 39 年，现在细想起来，吕老师认为她只做了两件事：教书和育人。她一辈子视教书为本职，育人为天职。教书育人，是吕老师这辈子最问心无愧的事。作为一名教师，她要面对的最重要的任务是未成年人的精神塑造！在平常的岁月里，她在学生的精神世界与心理健康、人格塑造与道德修养和世界观、人生观、价值观的引领方面尽心尽力。她一直觉得育人的核心是关注学生精神生命成长，生命包括自然生命和精神生命。自然生命的强健和精神生命的健康，是培育生命个体健康茁壮成长的必备要素，二者缺一不可。育人的核心是生命培育，它不是公开课或示范课上人们常见的硬性附加，也不是生拉硬拽或牵强附会。它是常态，在课上，更在课下，是水到渠成，是得体与和谐，是润物却无声。她始终认为，教师的自我发展与自我完善是培育学生生命成长的内驱力。而作为一名教师，她时刻保持清醒的头脑，思考如何影响和引领学生的精神生命成长，思考如何使教育能促进学生在价值认识上的提升，思考怎样把学生培养和塑造成具有完整人格的人，等等。这些是她数十年以来从未改变的教育初心。

吕老师一直觉得，一个孩子能否健康成长，从小处说关涉一个家庭的幸福，往大处讲则关涉社会的发展与进步。因此，俄国教育家乌申斯基的一段话让吕老师铭记至今："教育家在数量上不得少于甚至应当比医学家还要多。如果我们把我们的健康信托给医学家，那么我们就把我们子女的道德和心智信托给教育家，把子女的灵魂，同时也把我们的祖国的未来信托给他们。"因此，她利用各种教育机会，向学生传授社会主流价值观，传授科学的自然发

展观、可持续发展观，传授社会公平与正义，传授在大是大非问题上的旗帜鲜明。

爱国是全人类共有的天然情感，是五千年中华民族的血脉。吕老师在整个教育生涯中，总是动之以情、晓之以理，谆谆告诫学生居安思危，中国强则盛、弱则亡。这是作为一名人民教师必须尽到的责职。她从事教育的第一天，就做了班主任。班主任应引领学生成长、前行。德育工作应从"心"入手。吕老师讲了一个她的教育故事，那是一次学校评选"学习之星""体育之星""美德之星""艺术之星""阅读之星"。学校评选"五星"的初衷是为了鼓励、激励、激发孩子们的潜能，让孩子们力争上游，有一个奋斗的目标，以适应时代发展，适应竞争日益激烈的社会。老师在落实评选"五星"活动中，让孩子们上台发表自己的竞选感言，然后投票选举，投票的结果：有一名男孩的票数最高，但没被评上"学习之星"，他很伤心，哭了，说评选不公平，他票数多，不是按投票评选，那还投什么票呀，等等。吕老师找他谈心，做他的思想工作，说不是谁的票数多就选谁，不能让孩子们感受到做老好人，同学就会投他的票，这就违背了评选的初衷。吕老师引导孩子，想想自己为什么没有被评上，不能受到一点点小挫折就哭鼻子，要努力去寻找自己的不足，要把这个小挫折作为自己努力向上的动力，等等。男孩通过吕老师的引导，跟评上的同学比，比出了差距。吕老师趁热打铁，循循善诱，潜移默化地讲道理："你上进心强，思维活跃，是个好苗子，如果你在学习上再积极主动一点，上课再认真一点，书写再工整一点，学习成绩一定会再提高，加油！祝你早日成为真正的学习之星！"后来这名男孩学习进步很快，会思考、会学习了，期末考试数学得了 100 分，数学成绩经常停留在 80 分左右成为过去式。

班主任例行工作之一是期末给学生写评语，对于此事，吕老师做班主任时从不敷衍。她写评语，即使是写缺点，也要让学生心悦诚服，感到老师是在发自内心地帮助、引导他。她的准则之一是对学生的评价绝不唯成绩论。毕业后的学生给她写信：每次想起您的时候，就会想起您向我们传授的鲜活的人生道理，您向我们传达的人生哲理比一次次的考试更让人珍惜……

这样的德育工作才能深深扎根在处于成长关键期的孩子心中。吕老师时时告诫自己：德育工作的成败，最终关系到培养什么人、培养怎样的人这个大问题。她曾说："我不是教育家，但我要用教育家的情怀做教育。"

吕老师对学生真挚的爱和自身过人的教育教学能力，赢得了学生和学生家长的爱戴和尊敬。家长们都挑选她，乐意把孩子送到她任教的班级。她独特的教育风格，在培优转差工作中成效显著，教育数学效果特别突出，先后培养了李莹、曾令凯、王金锋等180多人次国家级、省级、市级优秀学生，转化了一大批潜能生。她所教学生在各级各类竞赛中获奖达300多人次。她曾两次被评为"育苗杯"数学竞赛优秀辅导员称号，评选为师德先进教师等荣誉数十项。她积极实施素质教育，促进学生的全面发展，敬重学问、关爱学生，在培养人才等方面辛勤探索，不懈前行，成绩卓著。在教学改革、教材建设、省级名教师工作室建设、提高教育教学质量等方面成绩卓著；起到了突出的示范引领作用；在教育教学研究、科学研究、技术推广等方面取得创造性的成果，具有重要的科学价值或取得良好的社会效益。

四、教学改革、教研科研工作情况——启智铸魂：永世无憾

做教师，最重要的不是让学生"学会"，而是让学生"会学"：能思考，才能创造。培养创新的学生，教师必须先做创新教师。教师的"一桶水"，为的是向学生提供"一碗水"。在培养创新学生方面，数学学科的内涵是其他学科无法替代的。数学是一门十分古老而抽象的学科，单纯地学习数学知识必定是一项十分枯燥和乏味的活动，尤其是对处于中小学阶段的孩子来说，在众多中小学生眼中，数学就是一大堆公式、定理、符号、图形、运算、推理……抽象、枯燥、无聊、乏味。然而，现实中数学却受到广大中小学生的"热捧"，他们投入大量的时间和精力去学习数学。其家长也十分慷慨，投入大量钱财去帮助孩子提高数学成绩。市场上各种奥数班、数学提高班、数学拔尖班等数学培训班铺天盖地。这看似火热的数学学习气氛，实则暴露出我国现阶段基础数学教育领域隐藏着的诸多问题。现今大多数学生如此疯狂地学习数学的目的实际上只是为了一个好分数，一个好成绩。在这种唯分数论、唯成绩论的驱动下，孩子们的数学学习和老师们的数学教学开始异化，在关注数学成绩提高的同时往往忽视了数学教育的本质，忘记了数学教育的初心。而今，有这样一位小学数学特级教师——吕崇平，她从青葱岁月即登上教坛，从一个满怀理想和热情的美丽乡村女教师到而今华发满头、誉满杏坛、桃李满天下，近40年来，她把青春、热血、汗水、泪水奉献给了她挚爱的小学数学教育，她每天都在思考着"什么样的课是一堂好的数学课"，不断地在思考着、追问着：小学数学教育的本质是什么？小学数学教育的初衷究竟为何？小

学数学教育应该教会孩子什么？她付诸探索实践，每天的答案都不一样，年复一年，一届又一届的孩子从她手中放飞，春华秋实、瓜熟蒂落之际，她觉得在自己漫长的教学生涯中的经验、教训、体会应该有所总结和升华，于是就有了一部凝结她一生心血的著作——《本真 和谐 灵动——小学数学教学探索与创新》。

在这本书里，吕崇平老师对数学教学做了深入的思考和深刻的反思。她认为课程与课堂教学，都要回到教育本身——培养完整的人，而聚焦人的核心素养的培养，是要让学生获得生活所必备的能力。数学教育并不是为了考试，为了培养精通各种数学理论知识的数学精英，也不仅仅只是传授学生基本的数学知识和技能，更多的是为了培养学生的数学思维和方法，并基于此，不断地去探寻人的各种可能性，不断地去认识人、发现人、开发人、丰富人，学以成人，培养和塑造完整的人格。

吕老师不仅在理论上那样认为，在实践中也是那样去做的。她紧紧地围绕"人"这一主体来展开和创新数学教育。她认为数学教学不应该仅仅是冷冰冰的数字、知识，而是要在数学教育中融入人文关怀和人文情感；要一切为了孩子的发展，真正让学生在课堂上去体验数学、感悟数学、发展数学，让学生在体验中能够逐步掌握数学学习的一般规律和方法，最大限度地引发学生进行"数学思考"，而不是被动地接受数学知识，让学生由"学会"转向"会学"，变教师"苦教"为学生主动的"乐学"。吕老师在努力探索让数学课堂变得有趣好玩的同时又不失"数学味"，使枯燥乏味的数学教学变成一种充满智慧和富有灵气的学习活动，真正让学生快乐地学习数学，在学习数学中感受到快乐。而这一切都基于吕老师长期以来，对小学数学知识与教学理论方法和学生创新学习理论方法系统的了解及全面而熟练的把握上。

在教学上，吕老师已经形成独树一帜的教学风格——"本真""和谐""灵动"，但吕老师并不满足于此、止于此。她认为在教师专业成长的道路上，教学是基础，科研是推动器，教学和科研犹如车之两轮，鸟之双翼，缺一不可。她在立足教学的基础上，积极开展各种科研项目和科研活动，不断将实践与理论结合，从大量经验实事中归纳出普遍规律，借助科研的翅膀，不断解决和克服当前数学教育所面临的问题，不断创新数学教育，将小学数学教学提升到新的高度。

从聚焦课堂到关注教育教学的全过程，要从学生的现实性中看到更多的可能性，并把"不可能"变为"可能"，实现让孩子们习得喜欢、热爱，有意思而有意义的数学，使学生的数学学习获得质的飞跃，使数学教学变成一种充满智慧和灵气的学习活动；从中增强学习数学的信心，养成良好的数学学习习惯，快乐地学习数学，进而切切实实掌握创新学习方法，能感受到数学的价值与魅力，获取一生受用的方法和能力。因此，她在传播知识、塑造新人、落实立德树人根本任务的同时，坚持以习近平新时代中国特色社会主义思想为指导，始终与时俱进，始终坚持以德立身、以德立学、以德施教，以德育德；始终坚持把思想政治工作贯穿于教育教学全过程，并注重全程育人、全方位育人，使数学课程教学与思想政治教育同向同行，为数学教育的理想守好了一段渠，种好了责任田。

五、示范引领带动、辐射

"一花独放不是春，万紫千红春满园。"吕老师在成就学生、成就自我的同时，也毫无保留地将自己近40年积累起来的教学经验和科研成果积极、无私地奉献给同行，帮助广大同行，尤其是年轻教师更好地实现专业成长，共同推进教育事业发展。她通过主持名师工作室、任兼职导师、开展授课及讲座等方式，对骨干教师实行跟岗培训，建立健全了各项工作室的制度，形成了一套完备的培训体系，以导师引导、立足专业的培训模式极大地调动了骨干教师的积极性，提升了他们的专业素养。

她指导、带领6批入室的省骨干教师学员和工作室成员，建立50个工作室课题下的三级子课题，并在本单位和进入本工作室的省级骨干教师学员、工作室成员所在学校开展研究；50个立项课题，在历时7年多的实践验证、推广应用中，取得的实际效果显著，成果卓越。

她亲自指导开发并录制的74节教学视频，走进了上百所学校，影响成千上万名教师，一大批骨干教师成长为特级教师、名师、优秀教师、副高级职称教师等。

2012年到她工作室跟岗培训的，来自汕头、揭阳、汕尾的8位省级骨干教师跟岗学员赠予"传道楷模，授业典范"的牌匾。来自广州、东莞、潮州、揭阳的广东省小学数学骨干教师高端研修班6位跟岗学员，临别时赠予吕老师一面"惟宏隆德 泽流及远"锦旗。牌匾、锦旗中的话语，就是吕老师教育教学生涯的真实写照，从中可以看出吕老师的责任、担当、胸怀和格局。

　　沈德潜在《说诗晬语》里说："有第一等襟抱，第一等学识，斯有第一等真诗。"这里我们可以说，有第一等襟怀，第一等学识，斯有第一等老师。无疑，吕崇平老师近 40 年来正以此为追求。

　　岁月流逝，读书教书写书，淡泊宁静致远，启智铸魂育人。读罢斯书，掩卷凝思，初心依旧，不觉心潮澎湃。我们能记住的是：那青春无悔的誓言，那永不止息的追寻，那诲人不倦的叮咛，那无数堂课沉淀下的情思与感悟，那从心底流出来的对孩子的爱。

　　一路上，她由初出茅庐的茫然。多年坚持不懈的努力奋斗，到今天的有所成就，其中经历了多少艰辛劳苦，如人饮水，冷暖自知。但一系列丰硕教学成果的获得，正是吕老师为人民教育事业的发展作出力所能及贡献的证明，这又令人多么欣慰。

　　吕老师虽然受到了社会各界的肯定和赞许，但她不忘初心，不忘最初出发的原点！依然不断地思考如何改善课堂教育，如何培养学生，如何培养优秀的老师。《本真 和谐 灵动——小学数学教学探索与创新》这本书，便是她尝试给出的一个答案。教育事业是百年大计，需要许多人，甚至许多代人共同不懈的努力，方能不断推进。今天吕老师只是把自己的经验与思考呈现给大家，希望她自己的努力，能够为现代教育改革发展尽一份绵薄之力，她就无憾了。

本真 和谐 灵动

——小学数学教学研究与教学反思

梅州市梅江区江南育才小学　吕崇平

从教几十年，辛勤探索，不懈前行，足迹从村小到中心小学，又从中心小学到城区小学，教过一至六年级数以千计的孩子学数学，回眸走过的路，我不断地追问：我会教孩子学数学了吗？孩子喜欢上我的数学课吗？自己教过的孩子会学数学吗？——虽然走过的路鲜花不断，可是，面对这些问题我却不敢一一自信地回答。我觉得：小学数学的知识虽然相对简单，但是小学数学的教学艺术并不简单！成功的数学教师，必须终生探索思考三个问题，否则是不在场的。

★第一个问题：什么是数学？

数学是"研究现实世界的空间形式和数量关系的科学"。

1. 从数学的学科属性看，数学是模型，是符号，是工具。

数学研究的结果，就是要通过具体的数学语言表示出来，这种表示空间形式和数量关系的文字、符号、图表等数学语言，就是数学模型。所以，广义地说，数学知识都是数学模型。

数学模型是构成数学学科知识的细胞。人的一生离不开数学，数学的工具性是不言而喻的。

作为教材形态的数学模型，无论是模型构建，还是符号表征和工具应用，均包含儿童元素和学科特质。

2. 从数学的人文属性上看，数学是过程，是生活，是思想，是文化。

数学知识不仅是结论，更重要的是形成结论的过程。思想、文化会在学生参与构建数学知识的过程中表现出来，反映了儿童学习数学的生活方式。

数学是生活有三个要义。一是数学源于生活，用于生活。这一要义，为推进新课程以来，师生所共识。二是数学学习是人生经历中的一部分，数学教学要让学生过上好的数学生活。小学六年的数学学习，学习过程中知识与智慧的习得，乃至经历的人与事、得与失、苦与乐等，将构成学生人生底色的一部分。三是数学学习要与时俱进，反映生活与应用的诉求。无论是数学知识的内容，还是数学学习的方式，都应具有时代特点，乃至适度超前。

反思结论：儿童学习数学是对他们生活经验中数学现象的解读，其本质是将儿童的经验世界转化成数学的符号世界。让儿童学有意思又有意义的数学，就是坚持数学学科属性与人文属性的统一。

★第二个问题：什么样的课是一堂好的数学课？（本真、和谐、灵动教学风格的形成）

可以这么说，在长期的一线教学实践中，特别是 2010 年成为广东省首批中小学教师工作室主持人之后，我每天都在思考着"什么样的课是一堂好的数学课"，并付诸探索实践，每天的答案都不一样，就是在这样的思考与实践中，形成了我"本真、和谐、灵动"的教学风格，并不知不觉地成长起来。

"本真、和谐、灵动"就是"一切为了孩子的发展"，面向全体，关注差异，关注细节，不断创新。数学教育应关注"人"的发展，融入人文关怀；通过让学生经历数学知识形成中的多种探究活动的探索过程，真正让学生成为课堂的主体，去体验数学、感悟数学；让学生掌握数学学习的一般规律和方法，把握好学生数学学习过程中的兴奋点和着力点，引发"数学思考"，体会和运用数学思想与方法；发展数学，使学生的数学学习获得质的飞跃，使数学教学变成一种充满智慧和灵气的学习活动，从中增强学习数学的信心，养成良好的数学学习习惯，快乐地学习数学，进而切切实实掌握创新学习方法。

1. 好的数学课有三条线索。

一是坚持知识传授正确，教学要求规范、严谨。数学知识是客观存在的。教师应把每堂课教学的知识置于整体知识的体系中，厘清它的来龙去脉，引导学生感受数学的整体性的同时，要注意知识的正确与否。我们要用严谨、规范的语言和板书给学生上课，否则没有示范性，成绩好的学生还会与你较真，所以要确保传授知识正确，教学要严谨、规范。

二是关注学生认知起点、年龄特征。学生的认知结构有时与知识结构是一致的，有时则有偏差，学生认知的偏差就是教学的起点。要让不同起点的学生摘不同高度的桃子，更多的是要关注不同学生的认知偏差，因材施教。要知道，教师看似简单的知识对有些学生却是一道深深的坎，所以解读学生比解读教材更重要，解读学生能准确预测学生的认知偏差。所以教学方案中选取的教学素材要适应学生认知偏差、以及学生个性发展需要，使得人人都能获得良好的数学教育，不同的人在数学上有不同的发展。

三是情感、态度、价值观的和谐统一。儿童是感到有意思、好玩、有趣才肯学数学的，才能学好有意义的数学。年龄越小的学生，这个规律越明显。在教循环小数的简写时，对于"循环节有3位数和3位数以上的，如何简写"，我让学生发现，只要在循环节的开头和最后一个数字头上戴上一顶帽子就简写了，这样形象、好玩、有意思的教学让学生出现的错误极少。这说明学生学习非常需要情感的参与。所以，好的数学课应该是知识、认知与情感和谐统一的课。

2. 好的数学课必须本真、和谐、灵动。

本真——体现数学课堂的价值追求。

"本真"指教学设计以学生的认知发展水平和已有经验为基础，课程内容的选择贴近学生的实际、学生的思维，有利于学生的体验和理解、思考与探索。

教学过程实实在在，有深度，没有花架子，没有表面上的热闹与浮华，而是原本的、朴实的、草根的。也就是学生有足够的时间和空间，经历观察、实验、猜测、计算、推理、验证等活动过程，体会数学知识之间、数学与其他学科之间、数学与生活之间的联系；运用数学的思维方式进行思考，增强发现和提出问题的能力、分析和解决问题的能力，体会对于某些知识可以从不同的角度加以分析、从不同的层次进行理解，从而获得数学的基础知识、基本技能、基本思想、基本活动经验。

教学目标落实得也非常扎实，知识与技能、数学思考、问题的解决、情感态度，这些目标的整体实现，就是学生受到良好数学教育的标志，对学生的全面、持续、和谐发展有着重要的意义。

和谐——数学课堂的内涵所在。

和谐，就是生活与数学和谐统一。数学课堂充分将数学学习与现实生活联系在一起，让学生走进生活，使学生体验从实际背景中抽象出来的数学问题、构建数学模型、寻求结果、解决问题的过程。学生凭借自己的知识和生活经验顺利、自信地经历抽象概括的过程，深切体验、感悟到"数学来源于生活，又应用于生活"。

预设与生成和谐共鸣。课堂教学活动是一个动态生成的过程，面对课堂中的生成性资源，不管对错，应精心呵护学生的心灵，及时把握、因势利导，适时调整预案，寻求实践的智慧，使教学活动收到更好的效果。

指导与自主和谐共舞。课堂是师生彼此沟通、相互交往的生活场所，也是师生合作交流、心灵对话的舞台，更是师生和谐发展、生命成长的精神家园。数学课堂中教师的主导与学生的主体的和谐统一，能真正实现"学生是数学学习的主人，教师是数学学习活动的组织者、引导者和合作者"这一理念，能让学生真正感受到数学知识获得的过程是好玩、有趣、有意思而又有意义的，从而更加积极主动的投入到数学学习活动中，去体会成功的喜悦，享受快乐的数学。

灵动——数学课堂的呈现方式。

灵动源于面向全体，关注差异。

灵动源于关注细节。教学细节看似平常，却能透射出教育的大理念、大智慧，成功的教学必定离不开精彩的细节。

灵动源于不断创新。数学的学习要与时俱进，反映生活与应用的诉求。无论是数学知识的内容，还是数学的学习方式，都应具有时代的特点，要不断地创新。

我紧紧围绕"人"这一主体来展开和创新数学教育，数学教学不应该是冷冰冰的数字、知识的灌输，而是要在数学教育中灌注人文关怀和人文情感；要一切为了学生的发展，真正让他们站在课堂中央，去体验数学、感悟数学、发展数学，让学生在体验中逐步掌握数学学习的一般规律和方法，最大限度地引发他们进行"数学思考"。我在努力探索让数学课堂变得有趣好玩的同时又不失"数学味"，使枯燥乏味的数学教学变成一种充满智慧和富有灵气的学习活动，真正让学生快乐地学习教学，在学习数学中感受到快乐。

★第三个问题：你是怎样创新教育的？或怎样聚焦核心素养，培养和塑造完整的人格？或你是怎样聚焦核心素养教学的？

《义务教育数学课程标准（2011年版）》明确提出10个核心素养：在数学课程中，应当注重发展学生的数感、符号意识、空间观念、几何直观、数据分析观念、运算能力、推理能力、模型思想、应用意识和创新意识。其中"应用意识和创新意识"是为了适应时代发展对人才培养的需要，而特别提出要注重发展的。

所以，数学的学习要与时俱进，反映生活与应用的诉求。无论是数学知识的内容，还是数学的学习方式，都应具有时代的特点，要不断地创新。

好的课堂是教学有思想的课堂，有思想的课堂建立在教师对教材、学生与教法解读有自己的独立见解之上。好的数学课能让学生享受数学学习的过程，感受到数学活动有意思又有意义。

同治皇帝拥有中国最好的四个教师，却最终没有成才，说明有好的教师并不等于学生有好的教育，只有适合学生的教育才是最好的教育。要想做一名好的数学教师，就必须为寻找适合学生的数学教育终生努力，不断探索。在我评上特级教师、梅州市教育专家时，我是梅州市唯一一位小学教师且最年轻的"教育专家"荣誉获得者。当我带完了一届毕业班，学生们以优异成绩的毕业后，校长让我接任毕业班中一个学生学习基础比较差、知识缺漏大、纪律也相对比较松散且与平行班级的平均分相差近 20 分的班级。我满怀信心地接过这个艰巨的任务，铆足了劲，心想：我一定能使这些学生很快地把成绩赶上去。我教了他们将近 10 周的数学，教的同时我常常思考，毕业班知识的综合应用程度很高，对于这群基础差、知识缺漏大、没有很好地掌握学习方法，且上课注意力不够集中、学习不够认真、专心的学生，应采取什么方法尽快地使他们的成绩赶上来呢？用什么招数调动这些学生的学习积极性？教完第一单元后，我写了 1000 多字的反思，感到学生的成绩虽有进步，但提高不大，归结一点是没有找到最适合这个班学生的数学教学方法。我曾教过一个学生，念四年级了，乘法口诀"八八六十四"仍经常出错。有一天，我叫他单独做一道数学家庭作业——回家问爸爸是不是 64 岁。之后他再也不会背错这句口诀了，原因是他反复思考爷爷才有 64 岁的可能，爸爸一定没有，万一问爸爸可能挨骂。如果我开始就认定这个学生永远背不好这一句口诀，而不认为自己没有找到适合他的教学方法，反思之余会很惭愧，因为自己之前的教学没有真正让这个学生把生活思考与数学思考结合起来。所以我觉得，自己在教学方法上还是有很多不足需要完善，有不少教育原理与方法需要学习。如今我可以用较短的时间投入教学，但能取得很好的教学效果。

"本真、和谐、灵动"所践行的，就是从发展学生的数学核心素养的高度去教数学，在数学课程教学中，注重发展学生的数感、符号意识、空间观念、几何直观、数据分析观念、运算能力、推理能力、模型思想。为了适应时代发展对人才培养的需要，我还特别注重发展学生的应用意识和创新意识。让学生获得的数学基础知识、基本技能、基本思想和基本活动经验的灵动性，在所有学生身上都能得到体现，让新课程的三维目标得以达成。从聚焦课堂到关注教育教学的全过程，要从学生的现实性中看到更多的可能性，并把"不可能"变为"可能"，实现让学生学习得喜欢、热爱，有意思而有意义，能感受到数学的价值与魅力，让学生在数学学习中获取一生受用的方法和能力。

总之，好的数学教师永远要行进在让学生感悟数学生命体验的路上，需要不断学习，不断实践，不断反思，不断创新，对数学教学的探索是跑不完的马拉松，自己永远要在路上。

微课在小学品德与社会教学中的应用研究

梅州市梅江区人民小学　林勇军

【摘要】21世纪是网络信息化高速发展的时代，微课作为网络时代的新型学习资源，以其短小精练、知识点表现突出明确、生动活泼等优势迅速风靡全国。微课的兴起，打破了传统小学品德与社会课的教学思维和模式，给寻求改变传统课堂压抑、无趣、低效的教学，促进学生的个性化学习，提高学生的学习能力的教师带来了希望，为新课程改革注入了活力。

【关键词】微课；品德与社会；应用研究

信息时代，网络成为人与人、人与信息联系的桥梁与纽带，使得心理健康教育中人的主体作用与人际交互作用拥有更广阔的时空。品德与社会课程是在小学开设的一门以儿童社会生活为基础，源于对生活的认识、体验和感悟，教育内容和形式贴近学生的生活，让他们从自己的世界出发，用自己的眼睛去观察，用自己的心灵去感悟促进良好品德形成和社会性发展的综合课程。以智能手机和平板电脑为代表的移动学习工具在学生中的不断普及，为其网络学习和移动学习提供了更加广阔的学习环境和资源。微课让信息与学习者之间的传递灵活快捷，发挥了个体的自主选择性，突破了传统心理健康教育的时空限制，构建了更广阔的学生与学生、学生与教师以及学生与自己所渴求的心理学知识、思想和情感连接起来的平台。

一、小学品德与社会微课设计中存在的问题

教师在小学品德与社会微课需要准备什么资源、学习哪方面技术；什么样的课程类型适合微课的使用等一系列问题上存在很多疑惑。在总的设计目标思路上，微课内容必须符合小学品德与社会课程标准，符合对学生知识、过程和方法、情感态度价值观三维目标的培养。但在实际教学中，为了更好地吸引学生的注意力，部分教师在设计微课时采用了过多的繁杂花哨的呈现

方式，让学生的注意力都集中到了色彩、动画、图片等上面，忽视了对微课内容的学习，让微课失去了实现三维目标立体呈现的教学效果，最终变成了平面式的图像欣赏。而且微课设计是为了更好地服务于学生的学习，但有些教师往往操之过急，一个微视频承载了太多的内容，忽视了学生的认知规律。微视频的内容跳跃性过大，不利于学生对知识的理解和知识内化，无法体现出微课的特色和功效。在时间的设计上，有些教师为了追求时间短，生硬地剪辑和录制视频，看似符合微视频时间，却没有考虑到知识内容整体的连贯性和完整性，特别是在编辑网上下载的资源的过程中，存在生搬硬套微课程的标准，把长视频随意剪辑成小视频，但不符合微课程资源的设计的现象。现在梅江区很多学校都给教师创建了无线网络办公的环境，有利于为学生搭建一个方便、快捷、畅通的网络信息化平台。

二、小学品德与社会微课设计中问题解决的对策

　　首先，通过理论和实例让教师了解微课，清楚微课的优势，意识到将微课引入到小学品德与社会课程中，对广大一线教师来说是一种从繁重教学工作中的解放。微课会让教师以一种更轻松、愉悦、自由、民主、高效的方式进行教学，让教会学生学习成为一件快乐和容易的事情。其次，组织开展关于微课设计的培训活动。一线教师的优势在于对学情的了解和微课适用范围的针对性把握。在具体教学中，教师在设计微课时，在选材和设问方面要侧重于研究过程和方法的设计，注重情感、态度、价值观的引导，多研究学习方法，培养学生正确的价值观。教师可以适当地把一些警示性强，充满正能量，体现励志教育的小故事、小材料等内容作为微课开发和设计时的首选。问题的设置要相应地体现德育，同时注意设问和材料的选择要有梯度，层层递进。此外，一定要把握好微课程形式与内容的关系。形式太过丰富和花哨，就容易让学生偏移学习的注意点；内容太过单调，又容易挫伤学生利用微课程进行学习的积极性和兴趣感。只有正确地把握两者的关系，才能让微课程设计的三维目标落到实处。学校应尽可能地为教师搭建一些关于微课程的学习和研究的公关信息平台，如微信公共号、微信群，方便大家的交流、探讨。教师可以根据自身的教学经验、业务水平等方面的差异通过集体协作的形式，集思广益，任务分工、优化组合。而且微课程一旦开发出来，我们可以重复使用，这就从精力和时间上减轻了教学负担，消除了大家对于"微课是不是

耗时又费力"的顾虑。我们对学生加强正确的引导，创建一个有效、畅通的微课学习平台，利用微课内容播放途径的便捷化，让学生的智能手机、iPad等电子产品在无线网络环境下参与到微课学习中，让学生感受到微课程学习带来的快乐。

例如，在教学四年级品德与社会"当危险发生的时候"这一课时，教师首先通过微课展现触目惊心的场面，让学生感受到害怕，产生危机意识；接着用微课展示我们的日常生活中隐藏着的种种危险：火灾、触电、煤气中毒、溺水等，并且用一个个实录视频告诉学生这些危险给个人及家庭带来的极大伤害；然后讲解逃生小常识；最后模拟情境，让学生运用所学知识进行自救自护的演练。

三、借助微课拓展品德与社会教育的心育途径

品德与社会课教育的根本目的是要促进学生对自己、他人乃至世界的体验与领悟——体验与领悟才是心理健康教育的终极目标。微课是一种新兴的、非常适于学术学科的新兴教学形式，通过幻灯片转化而成的视频，以单元或者模块的形式，在数分钟的时间内提供知识学习与思维训练，借助大量信息技术手段，具有直观、生动、高效等特点。微课为心育提供了大量可供选择的教育思路与资源，而教师要提供给学生的是有组织、有计划、专业、信息灌输式的教育，为他们积极品质的培养与社会化成长提供支持。因此，教师设计品德与社会微课时，要时时刻刻提示自己，避免教育"目中无人"，如果单纯把自己认为有益的东西，通过丰富的信息技术渠道丢给学生，让他们自己去消化吸收，那就陷入了技术主义的误区。

强大的网络搜索引擎为教师收集资源提供了极大的方便。教师在制作微课时根据课程和学生的需要及时下载相关材料并加以整合运用，还可以在课前将课堂及团体活动中的一部分开放性内容交给学生，给他们布置开放性任务，引导他们学习通过对网上资料的浏览、梳理以及彼此间的资源分享和交流，制作自己的微课。研究发现，对于注意力集中时间不长的青少年而言，整合了心理健康教育理念的微课可以通过唤醒学生情绪、增加感受与体验机会的方式，潜移默化地提升学生的积极情感体验，增强其幸福感，有助于营造集体积极心理氛围，可作为常规课程、个体咨询、团辅等之外的心育辅助途径。

　　例如，教学"节约水电"一课，通过微课展示水电在工农业、渔业、医疗事业、科技以及日常生活中的作用，展示生活中节约水电和浪费水电的对比的小镜头，学生能更深刻地体会到水电的作用之大，有的学生还联想到家里断电断水后的诸多不便。因为是自己亲身经历的，学生感触特深，思维特活跃。除了书本上讲到的节约水电的方法外，学生能各抒己见，提出许多好的建议。有的说今后再也不玩水了，有的说可以利用洗衣服的水冲厕所、拖地板……教师可以把学生的亲身经历及感受制成微课，增强德育的感染力。

　　现在交通安全事故频繁发生，学生的安危牵动着每个家长及老师的心。学生都知道过马路走人行横道，红灯停、绿灯行等交通规则，但生活中能这样做的不多。于是，我将我们身边真实的交通事故制作成微课展现在学生眼前，给他们的触动很大；接着我们分析事故的原因；然后我通过路况视频抛出问题，引导学生积极思考并发言，进而使学生掌握更多的交通标志和交通知识；最后打出亲情篇，把学生出门时爸爸妈妈的嘱咐"走路要看道！别在道上玩耍"等制成微课，时刻提醒学生注意交通安全，不能给自己及家人带来伤害。这样的教学取得了事半功倍的效果。

　　总之，微课是一种高效的现代化教学手段。在品德与社会课教学中，我们要善于应用这一手段，将微课与生活结合在一起，让学生到微课中感知、了解，到生活中去体验、实践，摆脱时空的局限，让学生在生动的意境中，身临其境地体会课本上的道理，激起学生的共鸣，发挥微课在品德与社会学科中的重要作用，让学生得到启迪，最终达到导行的目的，让学生学会生活，学会学习，健康快乐地成长。

生活叙事，让品德教学从知性走向生活

梅州市梅江区江南育才小学　叶迎春

儿童的生活是课程的基础，道德教育的根本作为就是引导生活的建构。但是当下的道德教育的主要模式——知性德育，却存在一种知识化的倾向，忽略了儿童的现实生活对其品德形成和社会性发展的特殊价值，把德育变成信息、符号、教条、命令、条例等关于道德知识和规范的教育，把德育课程的教学变成灌输、训练、背诵、练习，等等。品德课程内容多呈现供儿童效仿的英雄或伟人形象，往往是高姿态的，与儿童的生活世界相距甚远。我国著名德育学家鲁洁先生认为："道德之知担当着道德的承诺，它要引导人的道德行为，使人去过有道德的生活。"但是，如何将道德之知与儿童的生活紧密联系起来呢？这需要一个整合的平台或凭借。生活叙事不失为一个重要的平台，让学生讲述自己生活中亲身经历的道德小故事，将学生的生活故事带进课堂，实现叙述、讨论、评价的有机结合，使之与品德课程的教学有效结合起来，推动学生的道德自我建构和道德能力发展。

生活叙事是将学生的生活故事带进课堂，让学生讲述自己生活中亲身经历的道德小故事，使之成为品德课教学的有效载体之一。学生通过对生活故事的叙述、讨论、评价、复制，进而达到道德自我建构的目的，实现道德教育知、情、意、行和谐统一发展。使品德学习从生活出发，在生活中进行，并回归生活，这是真实有效的生活德育。

一、生活叙事让品德教学从知性走向生活

德育过程是促进学生知、情、意、行统一发展的过程。在知性德育模式中，教师对学生进行道德教育，都偏向于"知"，即思想、观念的灌输。生活叙事不仅传达德育知识，更因其源于生活，使道德认识更直接、更深刻，利于引导学生积极参与，主动进行道德意志的锻炼，再回归生活，自觉践行。实现品德教育从知性走向生活，能收到实实在在的效果。

（一）生活叙事源于生活，让道德认识更直接、更深刻

道德认识是人们根据一定的道德规范对社会现象的是非、善恶、美丑的认识、评价和判断。小学生阶段正是提高学生道德认识，形成正确人生观、价值观的黄金时期。他们所叙的生活故事来源于自己或同伴的生活，有着丰富的道德资源。学生能从故事中得到的道德认识也更加直接。同时，生活叙事中时时存在有对事情的争议，这些争议往往也是提高学生道德认识的最有效载体。通过学生之间的交流、讨论、质疑、争辩，引导学生去伪存真，经历道德体验逐步抽象为道德认识的过程，道德认识更清晰，教育更为有效。

如在教学"遵守规则"这一课时，一学生讲述自己有一次跟爸爸开车出门，在斑马线礼让行人，等了很长时间，有位老奶奶对爸爸竖起大拇指的故事。叙述的学生很自豪，并表示自己一定会坚持这样做。但有个学生却提出：常常有路人不走斑马线，随意横穿马路，这样根本无法让，也不该让。学生围绕"这种情况该不该让"激烈地争论起来。最后大家一致认为还是该让行人，但要做个宣传员，告诫随意横穿马路的行人要遵守交通规则，宣传交通知识，并且以身作则遵守交通规则。学生通过交流、讨论甚至是辩论，澄清了原有的价值观念，特别是互相支招，帮助同伴寻找解决这些"难题"的方法，教会同伴如何面对这些事情。这样朴实的讨论、交流，对于指导学生的行为，确立道德认识是有效的、智慧的。

（二）生活叙事讲述亲身体验，让道德情感体验更加丰富

道德情感指人们依据一定的道德标准，对现实的道德关系和自己或他人的道德行为等所产生的爱憎好恶等心理体验。学生不可能事事亲身经历，生活叙事打通叙述者与倾听者之间的体验通道，使共同经历的情感体验更清晰、完整；倾听同伴经历也感同身受。道德教育内容与体验者发生实际情感关系，使体验者经历感动。如在教学一年级"我是小学生啦"一课时，一学生叙述了自己在新学校经历的事情，讲到新生培训那天，学校开展"书包节"活动的情感体验：鼓号队夹道欢迎时感受到哥哥、姐姐及学校对自己的欢迎；家长给自己背上书包的那一刻，自己下定决心要好好学习；与家长拥抱分开时，家长的眼泪瞬间让自己觉得长大了；老师跟自己打招呼时灿烂的笑容，让自己不再害怕新学校……小伙伴奶声奶气、断断续续的叙述引起了情感共鸣，学生感同身受，仿佛回到了当天，再一次体验了当时的复杂情感，道德情感体验更加丰富。

（三）生活叙事促进亲自参与，让道德意志锻炼更加立体

在道德教育过程中，使学生能在履行道德义务时，自觉克服一切困难和障碍，坚守道德信念，做出抉择并坚持下去，不断地锻炼道德意志，是一项艰巨的系统工程。生活叙事源于学生的生活，是真实、客观的存在。对于叙事中良好的道德行为，学生往往难以坚持。教师可进行追踪，引导其再叙述，督促、鼓励学生坚持。如在教学"社区需要我们的共同参与"一课时，一学生说自己居住的小区无物业管理，自己和爷爷经常在小区里打扫卫生，帮助邻里。考虑到这种事要坚持下去很难，我便对此事进行了追踪，隔一段时间让学生进行再叙事，让他叙述打扫过程中的想法、发生的趣事等，让学生在叙事中不断思考，在同伴钦佩的目光中体验道德行为所带来的快乐，坚定坚持下去的决心和信心。老师、同伴不定时的关注，会使道德意志的锻炼更加立体、有效。如今，祖孙俩已坚持了几年，还有一部分同学也开始有了跟他一样的行为。

（四）生活叙事引导回归生活，让品德行为的培养落到实处

践行是德育的最终目标及归因。品德课上生活故事叙述，给学生提供了鲜活榜样，诉说出一个个美德故事，同时也推动学生在生活中主动用美好的道德认识指导自己的行为。如教学三年级"我懂事了"一课时，有学生说自己每天帮助生病的奶奶把中药轻轻吹到适合温度，端给奶奶喝；有学生说自己每天坚持早到校为班级打扫卫生；有同学腿骨折，几个同学天天去校门口接他上学、帮背书包，下课扶他上厕所……小学生模仿能力强，这些美德故事成为课堂上鲜活的榜样，指导着学生的道德认识和行为，有效地促进道德践行，学生的道德素养逐步得到提升。

二、把握生活叙事在品德教学中的要求

生活叙事是小学德育课堂教学的有效方式，更符合小学生的年龄特征，更利于学生理解和接受。但同时也要避免叙事漫无边际，主体不明，主题不突出，出现虚假的繁荣，这样就达不到预期的德育效果。

（一）以学生为主体，生活叙事要与学生的现实生活和成长需要相联系

这里所说的生活叙事的叙事者专指学生，应以学生为主体，学生讲述现实生活中自己亲身经历的事。事情本身包含着叙述者的喜怒哀乐、酸甜苦辣，具有丰富的德育情感资源。在学生将自己的故事表述出来时，这一行为和过

程本身就体现师生、生生之间的信任、尊重和宽容，这本就是一种巨大的育人力量。

以生活叙事方式组织课堂教学，儿童可以用他们自己的语言，以他们自己喜欢或擅长的方式，表达日常生活中的故事。这不仅能够使他们参与到德育课堂活动中来，在活动中有话可说，更满足了他们好说好动的天性。叙述自己亲身经历的事，表达自己的感受，满足了人倾诉的需要和获得伙伴认同的心理需求，对同伴们的影响是直接的、易于接受的。

（二）以德育主题为主线，生活叙事要围绕德育目标组织和开展

在品德课堂中，生活故事是德育内容，也是德育工具，故事必须围绕德育主题，为一定的德育目的服务。所述之事不宜覆盖过多的德育内容，如果叙事中涵盖的道德维度过多，则容易导致学生迷恋于故事情节，难以达成理想的德育效果。这就要求学生在课前做充分的准备，在选择"所述之事"时，要针对具体的德育内容来进行，而不是漫无边际地叙述一些感人的故事。必要时教师还要对叙述者进行指导，帮助其选择符合德育内容的故事，并从中挖掘出有针对性的德育资源。

（三）以实现"对话"为主导，生活叙事要引导学生正确的认知和行为

在生活叙事中，学生个体对故事中的道德和人的理解仅仅是初步的，甚至是肤浅和不成熟的。因此，故事后的"对话"尤为重要。学生的叙事，很自然地通过描述具体的道德情景，向教师展现自身的道德认识，教师正好在了解学生道德认识的基础上，有针对性地对学生进行适当的引导。教师应暂缓做出自己的评价与结论，而要组织学生对"所叙之事"开展讨论，让他们畅所欲言，通过师生、生生之间的对话，阐明故事背后的道德内涵，使道德故事上升为道德认识，最终促成学生道德知识与经验的统一，从而达到预期的德育目标。

陶行知先生指出：生活即教育，社会即课堂。生活叙事，以学生之口，叙述学生生活之事，主题与素材源于生活，其过程与生活一致，其范围延伸到学生的所有生活。走进孩子的生活世界，从生活出发，在生活中进行并回到生活，品德教学逐步从知性走向生活。

浅谈如何培育城市流动儿童健康心理

梅州市梅江区金山小学　叶迎春

农村留守儿童问题越来越引起社会各界的关注和重视，越来越多的进城务工人员选择将子女带在身边。由于这些孩子父母工作不稳定，他们便成了"城市流动儿童"。儿童成长本身需要一个稳定的物质和精神环境，然而跟随家庭的流动却使城市流动儿童过早地品尝了生活的动荡和艰辛，特殊的成长经历带给他们与同龄孩子不同的影响。通过调查发现，城市流动儿童在心理健康方面问题颇为严重，多表现为：自卑、焦虑和抑郁倾向，感情敏感脆弱；缺乏学习动机、学校适应性差；缺乏社会归属、孤独心理强烈；人际交往能力较差，容易与人发生冲突。城市流动儿童的心理健康问题严重制约着这些孩子的发展。如何培养他们的健康心理呢？这需要先建立流动儿童心理健康档案，从营造良好心理环境，构筑心灵港湾、建设社会支撑体系等方面找到突破口。

一、建立心理健康档案，为流动儿童心理健康奠基

通过调查分析，了解城市流动儿童心理健康现状，为他们建立心理健康档案是首要的，也是必要的。我们对一所有 1600 多名学生，流动儿童占 55% 的学校进行调查。通过发放调查问卷、召开座谈会、个别访谈等方式，对学校流动儿童心理健康现状进行全面调查，并与城市儿童进行比较研究分析，结果发现，流动儿童在孤独感、抑郁等方面得分较高，而积极学业情绪等方面得分较低，与城市儿童的差异显著。

首先，调查分析后，针对调查现状，建立流动儿童的心理健康档案。对流动儿童的基本资料，包括父母的工作、家庭住址、周边的环境、年龄特点、爱好、兴趣等进行搜集整理，并做记录。其次，建立档案后要进行定期追踪。对每个流动儿童的心理发展进行分阶段追踪，定期进行总结，其中包括自评、师评、家长评；按不同情境进行反馈，对学习状况、参与活动的数量等进行对

比，分析其心理是否健康发展等。

二、提高教师意识，为城市流动儿童营造良好的心理环境

通过调查，我们发现流动儿童的父母在城市中大多从事建筑业、餐饮服务业、制造业等职业，还有一部分为小商小贩，生活在城市社会的下层，职业声望低、收入少。这直接影响了流动儿童对自我身份的认同归类，甚至有的儿童因为害怕被看不起而不愿意让别人知道自己父母的职业。例如：初到城市，小姚一口带着浓重乡土气息的普通话，常常引得同学哄堂大笑。他的一些语言，成为同学们学舌调笑的"笑话"。小姚越来越不敢说话，交流和沟通都比较吃力，逐渐变得越来越沉默、压抑，进而仇视城市的同伴，常因一点小事就大打出手，暴躁易怒。因乡音而导致小姚的沉默使我们心酸，同时让我们意识到心理环境对他的巨大影响。我们要求把对城市流动儿童进行个别心理辅导作为班主任的一项工作。教师要学会用心理辅导方法来帮助和教育学生，尤其是问题学生和特殊家庭的学生，要成为"小姚们"的心理呵护者。

三、开展形式多样的活动，为城市流动儿童培育健康心理

城市流动儿童在新的学习生活中会遇到许多不如意的事情：遭到老师的批评、同学之间的关系闹僵了、被老师或同学错怪了、成绩下降了、生活中意想不到的困难出现了，等等。教师应通过引导学生吸取心理健康的营养，以正确的态度对待这一切。

（一）书香校园建设活动，滋养流动儿童的心灵

书香校园建设活动最重要的是课外阅读。语言文字，除了达意，还有传情的功能。在一个个故事中、在一篇篇文章中既有鲜明生动的形象，又凝聚着强烈的感情，渗透着深刻的理性。而阅读对人文素养起着决定性作用，对流动儿童的心理健康影响更大。我们要引导流动儿童加强课外阅读，从读物中吸取精神营养，吸收正能量，并在阅读交流中提升人际交往的能力。

（二）主题班队活动，形成积极向上的情绪

结合流动儿童的特点，组织相应的主题班队活动，是培育流动儿童积极向上情绪的有效途径。分年龄段制定心理健康教育主题是一个较好的方法，如：一年级"我不再任性了"，二年级"我会快乐学习"，三年级"我学会控制

情绪了"，四年级"我自信，我成长"，五年级"善于沟通，学会交往"，六年级"战胜挫折，勇敢面对"。选取贴近学生的学习、生活及思想现状的材料；采用多样化的活动形式，如歌舞、诗朗诵、讲故事、情景剧、发倡议、真情对白、拓展游戏等，热情、激昂的氛围，仪式感强，容易让流动儿童形成积极向上的情绪。

（三）课外实践活动，找到自信

城市流动儿童虽然在学业方面比城市儿童后进，但在体育、劳动等方面却有明显的优势。学校要善用流动儿童的这些优势，为他们量身定制一些课外实践活动，凸显他们的优势，增强其自信心。比如，组织户外野炊活动，给流动儿童展现生活能力强、善做家务的优势，让他们在同伴的赞扬声中、羡慕的眼神中得到心理满足，增强自信；让他们在集体活动中体验到爱与被爱的温暖，使他们自身具有的知识、能力被伙伴承认和重视，从而融洽同伴关系，提高对学校的认同感、归属感。

四、唤醒家长意识，为城市流动儿童构筑心灵的港湾

城市流动儿童出现心理问题的主要原因在于家庭环境和家庭教育。流动儿童家庭经济的贫困、居住环境的简陋、家长文化水平不高、社会身份地位处于低层等因素都不同程度地影响着流动儿童社会比较心理的产生，加上一些家长对孩子教育的不重视以及教育方式的不正确，使得流动儿童更加难以融入城市。唤醒家长意识，指导家长方法，才能从根源上触及流动儿童心理健康教育问题，为流动儿童构筑心灵的港湾。开设"家长课堂"，请相关领域的专家、教授、有经验的班主任对家长进行培训，对家长进行理论和方法的指导；举办"家长沙龙"，为家长提供互相交流、互相学习的平台；开展亲子活动，加强亲子沟通，促进亲子和谐等，都不失为好办法。

首先，要着重提升家长的自尊水平。鼓励流动儿童父母多和城市人交往，淡化身份上的不平等，让他们意识到农村人并不比城市人差，帮助流动儿童父辈对自身身份形成积极的认识。同时让家长充分认识到孩子心理健康教育的重要性，指导家长积极建立良好的亲子关系，学会与孩子沟通，帮助孩子形成健康的人格。

其次，要注重对流动儿童的家长进行方法指导。很多城市流动儿童的家长不是不想帮助孩子养成好的习惯和性格，而是不知道具体怎么帮助孩子，

应该注意什么。对家长的指导，可以请专家对家长做教育理念方面的宏观指导，定期为家长做心理健康教育讲座，并对一些特殊案例进行直接的介入。教师则对家长在实际教育过程中进行协助和指导。

五、争取多方支持，建设城市流动儿童心理健康教育社会支撑体系

城市流动儿童心理健康教育其实是学校和家庭教育的一块短板，原因在于大多数学校专业的心理学教师配置不足，甚至根本没有。寻求社会力量的支持，充分利用社会资源，紧紧依靠专业机构（当地大学的心理学院、医院的心理门诊、其他心理咨询机构）、专业人士，形成三位一体的教育网络，才能为流动儿童心理健康教育可持续发展构建有力的支撑体系。学校应请专家、教授为老师、家长进行专业讲解。心理学专业学生到学校为流动儿童进行团体辅导或开展活动，对特殊学生进行个别访谈、个别辅导等；同时协助指导学校心理咨询室工作，给学生提供一个安全可信的、温馨可亲的交往场所，提高心理辅导效果。学校、家庭、社会多方协调努力，使城市流动儿童心理健康教育活动立体化、系列化，才能收到良好的教育效果。

城市流动儿童的心理健康教育是一项复杂而细致的系统工程，越来越引起各方的重视。作为教育主阵地的学校更是肩负重责大任，为城市流动儿童心理健康教育找到合适的策略和方法，应该成为学校持之以恒的重要课题。

"乐简课堂"：让数学学习变成一件快乐的事

梅江区乐育小学　杨志东

【摘要】古人云："大道至简。"至简就是以简驭繁，返璞归真。极简既是一种生活方式，又是一种生活理念，当我们把这种理念应用到我们的教育教学当中时，就能让学习变得轻松愉悦。

随着教育改革的不断深入，我们广大一线教师总是不断地追寻有效、高效的教学方法，探索各种能够服务于教学的手段。多年来我们也在一味地追求饱满、丰富的课堂，但很多环节却让课堂变得复杂而烦琐，教学内容量大而且艰深繁重，课堂十分臃肿；教师教得辛苦，课时紧张，效果仍不理想。结合粤东山区小学数学教学的实际情况，通过对包含市级名教师工作室的80多位学员所在的40多所中小学（含新疆、印度尼西亚学校）的师生的课堂教学进行研究，发现我们小学数学课堂应该尝试着回归简约。简约是一种方式，代表着对教育的回归；求学作为一种风尚，代表着孩子对知识的渴望。用"乐简"的课堂来引导学生求学道路的方向，深入浅出、通俗易懂，才会让我们的教学精练、高效、富有魅力。

【关键词】乐简课堂；课堂教学；数学学习；信息技术

极简教育有着悠久的历史。公元前320年，由欧几里得编写的《几何原本》是欧式几何的奠基之作。欧几里得使用了极简的方法，严谨地论证，成了公理化知识体系的典范。

进入新世纪以来，教育信息化发展已成为国内外教育改革的焦点和重心。国内外对于极简课堂进行了很多的研究，取得了不少成果。2006年，特级教师许卫兵提出"简约化"数学课堂教学的教学主张。

2019年，何其钢老师在"极简技术在教学中的应用"的讲座中，谈到要学习"移动微课",并给出判断"移动微课"的两个标准:一个是易于制作的移动设备,如:手机、iPad 等移动设备;另一个是容易分享,即可以在互联网的基础上通过扫二维码的方式得到。这个讲座为国内的极简教育技术助力课堂指明了方向。

虽然国内外对简单教学进行了一些研究,但是教育技术的极简运用却没有得到足够的重视。极简教育技术在粤东山区学校的运用研究更是鲜有人涉足,还有很多问题需要探索。

一、核心概念及其界定

信息化"乐简课堂",包含"极简教育技术""极简课堂""生态课堂""乐简课堂"这几个核心概念。

(一)何谓"极简教育技术"

"极简教育技术"是指在学校教学工作中,倡导师生使用方便、实用,易学、易用,能够有效提高工作学习效率的技术。因为很多教师不懂专业的信息技术,所以追求的是"极简"的信息技术。这些"极简"的信息技术是教师一看就懂、一学就会、一用就觉得好的教学小工具。它具有三大特点:(1)掌握简便:易学、易用、方便、省时,无学习障碍。(2)能解决问题:实用、有效,能够解决工作中的实际问题。(3)提高效率:减轻工作强度,提高教学效率和质量。

常用的极简教育技术包括教学类和教研类两种。教学类的有:Ai 生字词听写、二维码微课视频发布、口算一键生成器、拍照自动批改作业等;教研类的有:语音和文字的互相转换、文字识别、希沃授课助手、101 教育 PPT、MP3 录音机、格式工厂、PDF 文件转换、文库下载……

(二)何谓"极简课堂"

极简课堂是教师将多年的教学经验总结提炼成朗朗上口的数学口诀、歌谣或编成生动形象的故事等,让学生在这些口诀、歌谣和故事中学会知识的课堂。

如:小学六年级分数应用题找"单位 1"是教学的重点,也是教学的难点。教师可以把找"单位 1"的方法概括为 4 个字——"的"前"比"后(就是单位 1)。

又如:在教学减法的性质 a–b–c=a–(b+c)时,可以在学生理解的基础上用拟人的说法："a−b−c，就好像 a 去扔完垃圾 b 后，再回来扔垃圾 c，倒不如直接把 b 和 c 打包在一起，即 (b+c)，a 直接把（b+c）一起扔出去，即 a−(b+c)。"通过这样的教学，相信学生以后在看到"减法的性质"时，马上就会想到"丢垃圾"的故事了。

加法交换律 a+b=b+a、乘法交换律 a×b=b×a、减法的性质 a−b−c=a−(b+c)、除法的性质 a÷b÷c=a÷（b×c）、加法结合律 a+b+c=a+（b+c）、乘法结合律 a×b×c=a×（b×c），这些简便运算的定律形式多样，学生容易混淆。我们教师可以让学生分类归纳，把这些运算定律概括为"同级交换，带上前面的符号搬家；同级结合（即添括号或去括号），'—''÷'要变号"。这样，就把 6 个运算定律概括为生动形象的一句话了。

再如，在教学平行线的画法时，可以让学生在动手尝试操作、交流、总结和优化中得出平行线画法的 8 字口诀：一合、二靠、三移、四画（"合"即把三角板的一条直角边与已知线重合；"靠"即把直尺靠在三角板的另一条直角边上；"移"即沿着直尺的边移动三角板，就可以画出已知直线的平行线了）。

极简课堂是在学生理解的基础上化繁为简的课堂，是教与学的升华，是教师对自己的教学进行不断的反思、总结后提炼出来的成果，是教师智慧的结晶。

（三）何谓"生态课堂"

生态课堂是以学生为主体，突出学生的个性发展，通过极简教育技术，实现教与学和谐发展的课堂。它的核心理念是：趣、活、实。生态课堂是生活化的课堂：学生感兴趣的、想知道的、想做的，都可以在生态课堂里畅所欲言，在师生的共同努力下得到有效解决。

（四）何谓"乐简课堂"

乐简课堂，其核心是"乐"和"简"。乐简课堂是指能使教师"乐教"和学生"乐学"的生态极简课堂。这样的课堂，遵循了陶行知先生"千教万教，教人求真""千学万学，学做真人"的求真理念，体现了课堂返璞归真的特征；能让教师根据学生的年龄特征、个性特点，对自己的教学进行不断反思、总结和提炼，把教学经验总结成朗朗上口的口诀、歌谣和生动形象的故事，让课堂回归本真，让学生"又快又乐"地简单学习，从而实现教与学的和谐发展。

二、"乐简课堂"提出的背景及意义

目前，粤东山区学校的课堂教学存在以下几个亟须解决的问题。

（一）教师讲得太多

当身处每一节常态课堂上，单独看教师语言时，你可能会发现这一点非常严重，好多教师习惯于在课堂上不停地讲。据调查，教师讲的内容中大约60%都是学生能通过自学学会的知识。目前，我们粤东山区学校的教师普遍使用"满堂灌""填鸭式"的呆板教学方法，学生的主体性被剥夺，只是被动地接受知识。所有这些不仅远离了学生的自由天性，而且违背学生的身心协调发展的内在需求，严重窒息了学生的个性和创造力的自然形成，导致学生养成了不愿意听课的习惯，甚至产生逆反心理，进而形成恶性循环，逐渐失去学习的热情和信心。

"当老师真的很累。"经常有教师这样说。

"学生也很累。"家长说。

"为学生减负！"社会呼吁。

当下以课程改革为核心的素质教育的一项重要工作是切实减轻学生过重的课业负担。但是，身在其中的我们慢慢地发现，学生的课业负担非但没有减轻，反而加重了。当前常态的课堂上，教师讲得多，学生做得少，教师叫苦，学生则学得索然无味。所有的教师都迷茫，教育改革遇到了瓶颈。

（二）教师对学生的思维关注太少

有一句话这样说：学生一句不完整的回答也要好于教师十句完美的解释。为什么？因为即使学生说得不完整，但至少经过大脑思考了。教师在课堂上很重要的一个任务就是要启动学生的思维向深度发展，而我们往往更多地关注知识是否学会了，至于思维的深与浅、多与少根本没有引起我们的注意。学生不会思考，更达不到深层次的思考，那掌握知识当然困难了。

（三）教师对学生的个体差异关注不够

我们的教师生活在粤东山区，经济比较落后，教师培训力度不足，导致教师的教学理论水平不够，不能对学生个体差异进行系统的分析。比如进行试卷讲评，一张试卷考完了，好多教师的操作方法就是，把这张卷子上的题目按顺序讲一遍。而且很多教师还有个习惯，如果哪道题不讲的话，就会感觉落下了什么，总感觉过意不去，等匆匆讲完一张卷子后，两节课也结束了。像这种试卷讲评课，学生错的题目不相同，错的原因也各不相同，听了教师的讲解之后，他们每个人哪题明白了，还有哪题不明白，在这样的课堂上教师是没有办法顾及的。教师往往满足于"我讲过了"，在教师的概念里，总以为讲过了学生就应该会了，而实际上讲的效果如何，教师并不知道。教师在课堂上只能照顾到大部分学生，对学生的差异，教师并没有关注到。

结合以上问题的思考，我们把目标定位在粤东山区学校的家常课上，推出"乐简课堂"教学模式。乐简课堂是一个由薄到厚再到由厚到薄、由多到少再到由繁到简、由浅入深再到深入浅出的课堂。乐简课堂中的教学不是简单的压缩和简化，而是寓丰富于简单之中，简单而有韵味，简单而不凡。通过教师对课堂教学的内容追求、目标设置、环节设计、媒体使用、语言表达等要素精确把握和灵活妙用，使课堂变得更为简洁、清晰、流畅、丰富、深刻，进而达到优质和高效，最终实现儿童数学能力的发展和数学素养的提升的目标。实施"乐简课堂"教学，可以提高学生的自我学习热情，启动学生的思维，让教师去关注学生之间的差异，培养学生良好的思维品质，从而让学生"又快又乐"地学习知识，解决生活中遇到的实际问题。

三、实施"乐简课堂"教学，走出一条具有粤东山区学校特色的课堂教学"乐简"之路

在信息时代，本课题尝试运用极简的教育信息技术，实现教与学的和谐发展，从而探求出信息技术在粤东山区学校教学中运用的"乐简"思路，具体包括如下内容。

（一）教学主线研究——清晰明确

数学课堂教学要走向乐简，首先要有一条清晰的"线路"。许多教师在一节数学课上完，最后课堂小结时，学生却什么也总结不出来，这说明课堂教学的条理不明，学生学得稀里糊涂。把"主线"明了化，确定教学目标、安排教学环节、取舍教学内容、考虑教学进程，有效组织教学时就有了根本出发点和终极指向，课堂教学的结构和层次就容易清晰起来。所以，教师在进行备课时，应首先将"教学主线"理出来。

（二）教学目标研究——简洁明了，统筹兼顾

教学目标的拟写，在如今的教师备课中往往不被重视，或是抄写教师用书上的，或是抄写精品教案上的。总之，教师写完一遍，教学目标却依旧不

清晰。

实行"乐简课堂"教学模式，首先，要让教师重视目标的拟写。教师可以在撰写好教学目标后，通过课堂跟踪、课时检验等途径了解目标的落实情况，规范教师对目标的达成。其次，推进单元备课模式，将一节课放入单元、放入一个系统，树立大备课观念，尝试大教学方法，不断帮助教师养成通盘考虑问题的意识。

（三）教学素材研究——精选妙用

1.选材要"少"而"精"。

许多的起始课，教材安排的情境往往比较多，而一节课的容量有限，教师要根据学生的已有认知水平和实际情况进行选择，达到最佳的教学效果。如教学"用字母表示数"这节课，许多教师选用了《数青蛙》儿歌、猜师生的年龄等多个素材，花了大半节课的时间，还只是引入，这样的选材"繁"而"粗"，不利于学生知识水平的形成。

2.用材求"单"而"丰"。

用材上面，要求"一材多用"。如教学"年月日"一课中，在了解年月日的基本知识时，许多教师选用了年历卡，帮助学生建立基本概念；在学习"二月""平年""闰年"时，可以重复合理利用同一素材，简洁明了，效果更好。

因此，"乐简课堂"一定要在"一材多用""一题多解（策略多样）""对比优化"等方面上下功夫。

3.组材求"整"而"优"。

整而优指的是要力求将教学材料组织成一个有机的整体，让学生易于接受和掌握。

（四）教学方法研究——简洁灵活

1.有效组织，收放自如。

对学生的小组合作要进行规范指导，要充分发挥组长的引领作用，探索研究的过程，简化不必要的操作，目的性、指向性明确。

2.方法得当，追求实效。

根据课型、学生的实际，选择不同的教学方法，自主预习和同伴合作互助等方法可以作为"乐简课堂"的有效教学方式进行推广。

（五）练习设计研究——简单高效

"乐简课堂"应改变以往机械重复、生硬呆板的训练方式，提倡练习的科学高效，以减轻学生的学习负担。对于课堂练习的设计，教师应根据教学目标进行设计，突出基础性、灵活性、层次性，要对众多的练习进行整合，选择基础题，以达到基本知识的巩固；设计提高题，促进学生数学能力的形成；注重堂堂清，留有时间，控制题量，人人过关。

（六）媒体运用研究——简单实用

在媒体运用上，我们要巧用极简的教育信息技术，突出演练的作用，弱化其他作用，做到简单实用。

（七）教师素养研究——朴素优秀

1.树立"求简"意识。培养对以往课堂的反思习惯，形成"乐简课堂"教学习惯。

2.丰厚学科素养。对所教的整套教材体系烂熟于心，熟悉每个知识板块的系统、结构和阶段要求；有单元备课、集体备课的意识，用"乐简"的思想设计教学流程；培养自身高超的课堂调控能力、简练的语言功底；在传统文化、儿童学习心理学等方面有丰厚的积淀。

四、形成具有粤东山区特色的"乐简课堂"的教学模式，并将这种模式向省内外、国内外推广

通过实践，我们拟打造出"乐简"的常规课堂模式，即"乐简课堂"包括的六个教学环节：自主探索—提出问题—合作交流—检查反馈—总结提炼—运用延伸"，每一个教学环节都要做到简化自然。因此，我们对于重难点的落实处，对学生的疑难处等应多花时间，其他的教学环节可以省略的应简略或删除，力求课堂的极简化。

通过实践研究，我们发现"乐简课堂"使得更多的数学教学设计简单有效，更多的课堂教学达到简单高效，还学生更多的自主学习的时间与空间，使学生的思维达到有效发展。

通过实践研究，我们发现"乐简课堂"使得更多的教师爱上数学，能积极主动地研究数学，提高教师对教材的把握水平和驾驭课堂的能力，使他们的教学达到既精简又有效的高度，提升教学境界。

通过实践研究，我们发现"乐简课堂"在最大程度上形成一定数量的教学实践成果，可以增强教师的教科研意识，提高教师的教学素养，更新教师的教学观念，规范优化教师的教学行为，助力教师的专业成长，从而进一步

推动粤东山区学校学生的学习方式向个性化学习转变。市级名师工作室中，有80多位学员是省级名师工作室网络学员，有4位学员（吴佳芬、俞康昌、谢秀珠、廖雄理）是援疆教师，有1位学员（谢秀珠）被外派到印度尼西亚学校任教，他们可以将课题研究的经验和成果向省内外、国内外推广，辐射范围极广，影响巨大。

乡村小学数学的信息化之路

梅江区乐育小学 杨志东

2011 年 10 月 5 日，56 岁的苹果公司灵魂人物乔布斯去世。乔布斯是带着巨大的疑惑离开的："为什么 IT 改变了几乎所有的领域，却唯独对教育的影响小得令人吃惊？""乔布斯之问"时刻在提醒着人们："我们要怎样解放孩子，解放教育？"

习近平总书记在给国际教育信息化大会的贺信中提出："我们要建设'人人皆学、处处能学、时时可学'的学习型社会。"教育信息化作为"解放孩子、解放教育、深化教育改革"的突破口，越来越受到人们的广泛关注。而信息技术的运用，改变了传统的教学模式，不少学校的传统教学模式随之被"翻转"过来了。

传统教学模式通常包括知识传授和知识内化两个阶段。知识传授是通过教师在课堂上与学生交流完成；知识内化则需要学生在课后通过作业、操作或者实践转化为能力来完成。而在翻转课堂上，这种教学方法被颠覆，知识的精华通过信息技术的辅助在课前完成，知识内化则在课堂中经老师和同学的帮助而完成。这种教学模式的最大优势是努力实现学生的先学，以学定教，是教学与信息技术的一次深度融合。

农村课堂的翻转比城市课堂的翻转难度要大得多，农村小学数学翻转课堂怎么翻？下面，笔者就以乐育小学数学课堂模式为例，谈谈农村小学数学课堂应该怎么翻。

一、学生家长没有播放设备怎么办

翻转课堂要求学生回家看视频，自学第二天要学的知识。但是，每个农村学生家里面都有这样的播放设备吗？

1. 现状。通过对笔者所教班级的学生调查发现：（1）家里有电脑能上网的学生大约占 1/2；（2）家中有智能手机能上网的学生大约占 3/5；（3）能够实现翻转模式的学生人数大约占4/5。我们得出结论：无法完全实现"家校翻"的模式。

2. 对策：（1）既然无法完全实现"家校翻"，那么，我们就部分实现"家校翻"，即"让有条件的学生回家看微课，然后让先翻的同学带动后翻的同学，实现共同进步"。（2）我们可以推行"校内翻""课内翻"，利用上课时间或预备课时间（3—5分钟），让全班学生观看微课视频。

二、农村小学教师不会做微课怎么办

做微课要求教师既是导演，又是演员。农村小学教师不会做微课，怎么办？

从乐育小学的情况来看，能自己制作合格微课教师很少。翻转课堂需要教师录制大量的微课，要占用很多时间。以笔者为例，去年制作长方体和正方体的认识、表面积、体积等一个单元的微课，从选材到编制脚本、做PPT、录像、编辑视频等，基本上就花费一学期的时间，而且制作得并不精美，无法吸引学生主动学习。

针对这一情况，笔者提出以下对策：（1）培训（走出去、请进来）；（2）任务驱动（以行政命令的方式布置教师完成并上交微课作品）；（3）自学（促使教师自学制作微课的技术）。

三、老师做的微课不精美，不能吸引学生自主学习怎么办

乐育小学购买了"淘知学堂""智乐园""三学苑"微课等。也可以让老师通过网络，下载优质微课资源。

目前，乐育小学已经拥有了数十G的一系列成套微课资源，并将这些资源上传至学校云平台，形成成套的微课资源库，供师生教学使用。

有了精美的微课，农村小学的师生就可以巧借微课，翻转课堂。我们的做法是：

课前，让学生带着问题，观看"淘知学堂""三学苑"或"智乐园"微课，观看后想一想："你学会了什么？你还有哪些不会的？"把这些写在预习本上。往往学生回答的内容，就是新课要掌握的知识点。

课堂上，教师应重视学习小组的构建，充分发挥小组互助学习的作用，使学习小组成为学习的主体，通过"小组交流，同伴互助，组长引领，展示

汇报、教师点拨，多练提高"等环节，让学生在趣味练习、游戏中巩固新的知识点，并获得课外知识的延伸。

课后，让学生做"作业盒子"反馈，进行大数据分析，让讲评更具针对性。

"作业盒子"是纳入教育部中央电教馆国家资源服务平台的服务商。"作业盒子"APP可以对学生进行分类，不同的学生完成不同的作业，实现个性化教学，因材施教。教师发布作业，学生完成作业后通过学生端提交，"作业盒子"平台将会自动批改，对学生作业的数据进行整理、分析、统计。教师通过平台查看整体作业情况、各个知识点掌握情况，生成班级个性化题包，查漏补缺。而学生通过"作业盒子"平台可以查看题目对错情况、答案解析，错题本由平台自动生成。

课后通过"作业盒子"APP的大数据统计与分析，可以让教师的讲评更具有针对性，对于学生正确率高的题目，可以略讲或者不讲；对于学生正确率低的题目，可以讲得详细一些、具体一些，直到学生弄懂为止。

目前，学校的翻转课堂模式是：课前看"淘知学堂""三学苑"或"智乐园"微课预习；课中重视学习小组的构建，通过小组交流、互助、合作，完成练习巩固、延伸；课后做"作业盒子"APP反馈，进行大数据统计分析，让教学更有针对性。

四、我们的翻转课堂实验成果

通过一系列的教学实践，信息技术与乐育小学的数学课堂已经深度融合，并取得了一系列成果：

（1）建立了数十 G 系统成套微课资源库，解决了农村小学教学资源匮乏的问题。

（2）改变了农村小学教师的教学模式，让教师的备课变得更加轻松、高效，促使教师的专业成长进入了良性循环。

（3）改变了农村小学学生的学习方式，实现了个性化学习，提高了学习质量。

（4）不仅录制了结合数学课本的微课，让学生通过这些动漫故事边玩边学，而且形成了各种类型的微课资源库，让学生"哪里不会点哪里"。

（5）提高了教学质量。实践证明，翻转课堂实验班的学生学习兴趣明显比普通班的同学高一个层次，学习方法上获得了质的进步，能够更加科学地学习，活力增强，学习轻松。

乐育小学的这种翻转课堂模式在 2018 年在天津召开的 TEC 全国教研会上被推广。

新一轮课程改革，会带来教育观念的又一次革命。信息技术与数学学科的深度整合，会改变教学方式和教学手段，收到传统教学模式难以比拟的良好效果。信息技术和数学学科的整合，还有大量值得探讨的问题。我相信，只要信息技术运用得恰当，必定能为新课程改革插上腾飞的翅膀。

以生为本 创造性地使用教材

梅州市梅江区乐育小学 杨志东

【摘要】新课程观认为："课程不仅是文本课程，更是体验课程；课程不再只是知识的载体，而是教师和学生共同探求新知识的过程。"基于此，针对"数学教师应如何创造性地使用教材"这一问题进行探讨，通过创设生动有趣的生活情境，激发学生的求知欲望；通过充分利用课程资源，让学生参与知识的形成过程，活化教材内容；通过创设多层次的练习内容，调动学生的学习积极性。数学教师应创造性地使用教材，使每一位学生都想学、爱学、乐学数学。

【关键词】新课程；数学教师；创造性；使用教材

新课程观认为："教材往往把知识以定论的形式直接呈现在学生的面前。学生看到的是思维的结果——教学结论，而看不到思维活动的过程。"在新课程背景下，每一位优秀数学教师的课堂教学从来不是照本宣科，而是在充分研究学生和教材的基础上进行再创造，在教材和学生中间架起一座桥梁，让学生在参与中既加深对知识的理解，又受到恰当的思维训练。那么，一个数学教师要如何创造性地使用教材？创造些什么？下面结合本人的教学工作经验，谈谈自己的几点体会。

一、创设生动有趣的生活情境，激发求知欲望

为了让学生想学、爱学、乐学，教师就必须激发学生的学习兴趣。如：在教学"可能性"时，我通过观看学生"踢毽子"的录像，引出"抛硬币"的游戏。然后，我对学生说："同学们，你们猜一猜，可能是哪一面朝上？"（引起学生兴趣）然后，在课堂上现场抛硬币，让学生再猜一猜，引出"可能正面朝上"和"可能反面朝上"这两种不同的结果。这就是一种可能性，从而很自然地揭示出课题。

　　这样导入新课的材料来源于学生感兴趣的生活实际，可以使枯燥的教学变得生动、活泼，会让学生觉得生活中处处有数学，觉得数学真有意思，从而激发学生学习数学的积极性和主动性。

二、充分利用课程资源，创造性地使用教材

　　1. 要面向学生的生活世界，创造性地使用教材。

　　在教学中，教师要联系生活实际，引进与日常生活有密切相关的数学信息资料来处理教材、整理教材、重组教材内容。这样，就把教材中缺少生活气息的题材改编成了学生感兴趣的、活生生的题目，使数学知识融入了生活气息，充分调动学生学习的积极性，使学生在愉快的气氛中，对数学知识有了新的认识。如：在"左右"这一课的教学中，我让学生用自己的身体进行感知。学生找出了左右手、左右眼、左右脚等。在教学"方向与位置"这一课时，我让通过观察太阳从哪里升起和从哪里落下来学习基本方位，再联系学生实际，观察所住小区的方位。在教学《有余数的除法》时有这样一道题：每只船限坐 4 人，21 个同学去划船，至少要租几只船？学生运用有余数的除法，算出要租 5 只船，还剩 1 人。这时，有同学说，剩下的 1 人可以游过去；有同学说，那 1 人就在湖边玩；有同学说，可以挤着坐等等。这些想法都是学生联系自己遇到这些问题时所采取的措施。这时教师再引导学生联系实际，排除了以上方法，最后得出至少要租 6 只船。

　　2. 要提倡自主、合作、探究的学习方式，让学生参与知识的形成过程，活化教材内容。

　　在课堂教学中，要让学生充分体验、参与知识的形成过程，让学生真正地成为学习的主人。教师不能牵着学生走，而是要为他们创设自主学习的氛围，让学生在猜测中、体验中学习，从而激发他们主动探究的欲望。

　　如：我在教学"角的初步认识"时，让学生充分感知角的特征："请拿出圆形纸对折再对折，你就折成了一个角。请你摸摸这个角，有什么感觉呢？"有同学说："摸到尖尖的，有点刺手。"有同学说："摸到两条直直的线。"然后，我再根据学生的感知，引导学生归纳出角的特征，依据特征让学生对不同的图形进行辨别，加深对角的认识。

　　又如：我在教学"可能性"时，通过"摸一摸"活动，体验"一定""可能"和"不可能"这三种情况。

（1）教师把 3 个红球放进小桶里，这时，请一名学生摸出一个球来，猜一猜，这名学生会摸到什么球？其他学生答红球。说说看，为什么摸到的一定是红球？

学生：桶里全部都是红球，所以摸到的一定是红球。（引入可能性的第一种情况："一定"）

（2）教师把 3 个黄球、3 个白球放进小桶里。这时，猜一猜，这名学生可能会摸到什么球？

学生 1：可能摸到白球，也可能摸到黄球。

学生 2：白球和黄球都有可能被摸到。（引入可能性的第二种情况："可能"）

（3）请学生在桶里摸出一个紫球来。

学生：桶里没有紫球，所以不可能摸出紫球来。（引入可能性的第三种情况："不可能"）

三、创设多层次的练习内容，调动学生的学习积极性

在课堂教学中，要充分依据教材，创造出多层次的练习内容，使不同层次学生的学习积极性都得到充分的调动。

1. 基础练习。这是与例题类型一致的练习，目的是使学生扎实地掌握所学的新知识。（此类练习针对后进生）

2. 专项练习。这是针对重点、突破难点的专项练习，要引导学生注意与旧知对比，找出不同，形成清晰的表象。（此类练习针对中等生）

3. 提高练习。这是运用所学知识解决实际问题的练习，此类练习针对优秀生，同时又引导中等生、后进生联系生活实际，想一想，说一说，比一比，调动他们的积极性。

如，在"可能性"的教学中，我对学生说："生活中，有关可能性的知识真不少，同学们闭上眼睛想一想，我们身边的事，哪些一定会发生？哪些可能发生？哪些不可能发生？"

学生学习的积极性被教师的语言充分调动起来，思维的阀门渐渐被打开。

学生 1：明天可能会下雨。

学生 2：余数一定比除数小。

学生 3：公鸡不可能会下蛋。

……

　　这样，学生把所学到的知识运用于生活中，解决了生活中的一些实际问题，让学生真正感受到学数学是很有用的。

　　总之，在数学教学中，只要教师理解新课程的理念，创造性地使用教材，把数学学习与学生的生活实际密切联系起来，我们的数学课就会具有巨大的吸引力，学生就会爱数学，我们的数学教学就一定会高质量、轻负担。

教育信息化背景下
如何提升小学数学教师核心素养

梅江区乐育小学 杨志东

【摘要】教育信息化背景下，社会对小学数学教师的职业素质提出了更高的要求。为了契合社会发展的需要，也为了不断满足教育教学的要求，小学数学教师需要与时俱进，不断完善自身能力与知识结构。基于此，本文分析了小学数学教师核心素养的现状，探讨信息化时代下小学数学教师应具备的核心素养，以期对提升核心素养方法与途径做进一步探索。

【关键词】教育信息化；小学数学教师；核心素养；现状；提升策略

"素养"，词典里解释为"平日的修养"。小学教师核心素养包括爱心力、理解力、解读力、引导力和信息化能力等。当今世界各国教育都在聚焦人的核心素养的培养。时代在不断地发展变化，以自媒体时代为代表的电子多媒体、微信、微博、论坛、博客等，在师生面前展现了一个五彩缤纷、奔腾纵横的信息世界，对当下的教育教学内容和组织形式产生了很大冲击。"互联网+"等思维方式，在小学数学教学中发挥着重要的作用。信息时代下发展教师的核心素养，是我国基础教育改革发展的必然选择。

一、小学数学教师核心素养的现状

（一）小学数学教师的业务能力不能满足当前教学的需求

当前小学数学教师群体中很大一部分都是原中等师范毕业生，他们在接受学校教育时，所受到的数学训练仅高于初中水平而略低于高中水平。因此，目前小学数学教师中大部分职前所接受的数学训练已经不能满足当前数学教育的要求。

（二）小学数学教师的专业素养得不到及时更新

小学数学教师接受入职后教育培训的内容不全面、要求不规范。小学数学教师在入职后的培训过程中，很少接受到培养和提高其数学素养方面的内容。这使得教师的数学专业素养得不到及时更新，不少教师缺乏对相应领域有关内容的及时学习和基本把握，对一些数学概念和数学思想方法的理解出现偏差甚至错误。

（三）研究者对小学教师的数学素养关注不多

小学数学教师工作任务重，时间紧，继续学习难度大，各级各类数学教师培训普遍只关注教学方法。这使得我们将数学素养悄悄地搁置在一边，长期以来，忽视了小学教师的数学素养的提高。很多名家学者的研究论述，大都以中学数学教育为背景，极少谈到小学数学，涉及小学教师的数学素养的研究更少。同时，很多学校没有对此进行科学的规划，没有系统地培训和指导。

（四）小学数学教育专业课程设置比较随意

笔者对我国师范类小学数学教育专业的课程设置进行研究，发现数学专业课程设置没有统一的标准，设置比较随意，有的高校甚至直接将高师数学教育专业课程套用在小学数学教育专业上。这样，教学效果自然不理想。

二、小学数学教师要培养学生的哪些数学核心素养

小学数学教师应培养学生形成如下数学核心素养：数感、符号意识、空间观念、几何直观、数据分析观念、运算能力、推理能力和模型思想。

（一）数感

关于数与数量、数量关系、运算结果估计等方面的感悟。建立数感有助于学生理解现实生活中数的意义，理解或表述具体情境中的数量关系。

（二）符号意识

能够理解并且运用符号表示数、数量关系和变化规律；知道使用符号可以进行运算和推理，得到的结论具有一般性。建立符号意识有助于学生理解符号的使用是数学表达和进行数学思考的重要形式。

（三）空间概念

根据物体特征抽象出几何图形，根据几何图形想象出所描述的实际物体；想象出物体的方位和相互之间的位置关系；描述图形的运动和变化；依据语言

的描述画出图形等。

（四）几何直观

利用图形描述分析问题。借助几何直观可以把复杂的数学问题变得简明、形象，有助于探索解决问题的思路，预测结果。几何直观可以帮助学生直观地理解数学，在整个数学学习过程中都发挥着重要作用。

（五）数据分析观念

了解现实生活中许多问题应先做调查研究，收集数据，通过分析做出判断，体会数据中蕴涵着信息；通过数据分析体验随机性。

（六）运算能力

能够根据法则和运算律正确地进行运算的能力。培养运算能力有助于学生理解运算的算理，寻求合理简洁的运算途径解决问题。

（七）推理能力

推理能力的发展应贯穿在整个数学学习过程中。推理是数学的基本思维方式，也是学习和生活中经常使用的思维方式。推理一般包括合情推理和演绎推理，在解决问题的过程中，两者功能不同，相辅相成。合情推理用于探索思路，发现结论；演绎推理用于证明结论。

（八）模型思想

模型思想的建立是学生体会和理解数学与外部世界联系的基本途径。建立和求解模型的过程包括：问题抽象，用数学符号建立方程、不等式、函数等表示数学问题中的数量关系和变化规律，求出结果并讨论意义。这些内容的学习有助于学生初步形成模型思想，提高学习数学的兴趣和应用意识。

三、信息时代下对小学数学教师核心素养提出了新的要求

（一）课程改革对小学数学教师的数学素养提出了新的要求

数学课堂教学体现出的不仅仅是数学教师的数学知识结构、对数学思想方法的理解，还渗透了数学教师的数学观念以及对数学人文精神的领会等等。这些要素都将影响到学生对数学的认识和数学应用能力的发展。由此可见，小学数学教师数学素养是影响小学生数学学习的重要因素之一。课程改革以来，小学数学教育对教师的数学素养提出了新的要求。《全日制义务教育数学课程标准》把数学表述为"科学语言与工具""人类文化的重要组成部分"，要把数学当成"工具""语言"，甚至是"文化"来进行教学。这就要求数学

教师有较高的数学素养。另外，标准指出，学生要有足够时间和空间经历观察、实验、猜测、计算、推理、验证等数学活动过程。这些活动过程中蕴含着比较、分析、综合、抽象、概括、推理、归纳和类比等重要的思维方法和相应的数学思想方法。要落实这样的教学要求，教师必须具备更高的数学核心素养。

（二）信息时代下政府对小学数学教师的核心素养提出了新的要求

随着信息技术的蓬勃发展，各国政府在教育方面投入了相当大的精力。我国政府历来重视信息技术在教学中的应用，提出了教育信息化的目标。目前这方面的研究主要有"信息技术如何培养小学生的计算能力""网络环境下的小学数学概念教学"等等，这些都是呈现在"课堂"的层面上，缺乏对整个教学流程全面的研究（交互式备课、课堂教学、教学反思与评价等）。鉴于此，我们要以信息技术为手段，以提升小学数学教师的核心素养为目标，不断适应新时代的要求。

四、在信息时代下如何提升小学数学教师的核心素养能力

（一）提升小学数学教师的爱心力——爱学生

提升爱心力只需要教师时时刻刻问自己如下三个问题：（1）你爱你的学生吗？（2）你如何去爱你的学生？（3）你的学生感受到你的爱了吗？

努力回答好这三个问题，教师的爱心力就提升了。

（二）提升小学数学教师的理解力——研究学生

我们小学数学教师"研究学生"时要问自己如下五个问题：（1）学生原来学了什么？（2）学生实际掌握了什么？（3）为学生的后续学习需要准备什么，准备多少？（4）学生学习数学学科的规律是什么？（5）对于不同层次学生的要求和教学策略各是什么？

只有回答好这五个问题，教师眼中才能有学生，有学生的教育才是真教育。

（三）提升小学数学教师的解读力——钻研教材

教育家叶圣陶曾说过："教材只能作为教课的依据，要教得好，使学生受益，还要靠教师的善于运用。"因此，我们教师在备课时，必须根据学生实际"活"用教材，实现"用教材"而不是"教教材"；必须根据学生已有的知识水平和经验，对教材进行加工，帮助他们在自主探究和交流过程中，理解和

掌握基础知识和基本技能，获得方法，提升素养。

如在教学"圆的认识"一课时，我们可以充分利用教材的提示，多让学生动手操作，通过画一画、剪一剪、围一围、拼一拼等多种方式，培养学生的探究能力。所以在吃透教材的基础上，我做了如下安排：学生实践→认识→再实践→再认识。我先让学生借助圆形纸片，通过折一折、画一画、量一量，发现直径和半径的关系后再用语言表达出来，培养学生动口、动手、动脑的能力。教学圆的画法时，我放手让学生大胆思考，动手探索不同的画圆方法。学生可能会想到借助圆形物体画圆、用钉子绕线画圆，还有用圆规画圆等。最后，我让学生自学画圆的方法。通过学生的汇报，我引导他们归纳画圆的一般步骤：第一，定点；第二，定长；第三，旋转画圆。画任意圆是不难的，较难的是给定直径长度画圆。结合实际操作，关键让学生体会圆规两脚的距离即半径，体会圆心决定圆的位置，半径决定圆的大小，有利于加深学生对圆的特征的认识。课堂上，我尽可能给学生留出足够时间进行探索和交流，以促进学生主动学习，充分发挥学生的主体作用，培养他们的探索精神和尝试精神。

（四）提升小学数学教师的引导力——引导学生反思

大多数教师在教学中非常注重相关知识的交流，却经常忽略对学生自我反思能力的培养，通常只让学生汇报结论而不汇报思维过程。长此以往，学生的思路会受到局限。事实上，教师应给学生充足的认知与反思空间，让学生的认识过程充分外显，在认识碰撞和再建构的过程中发展学生的反思能力。那么，我们应该如何提升小学数学教师引导学生进行反思的能力呢？

1. 在错误中引导学生反思。

学生在学习过程中暴露出来的错误是一种宝贵的教学资源，学生每遭遇一次错误，就增添了一次打破和超越已有经验的机会。遭遇并克服一次错误，学生的已有智慧结构就会呈现一种螺旋递升的状态，从而实现创新思维。学生的错误不可能单独依靠正面的示范和反复练习得以纠正，必须有一个"自我否定"的过程，而"自我否定"又以自我反省，特别是内在的"观念冲突"作为必要前提。善用学生的错误资源，引发这种"观念冲突"，能促使学生对已完成的思维过程进行周密且有批判性的反思，可以有效地强化学生的反思意识和习惯。如试卷讲评课，我一改传统的教师讲学生听的教学模式，首先要求学生自查错题的原因，对于不明白的题目集体讨论，典型错题则重点交流；然后教师根据测验情况选择性地讲评；最后发展提高。我留给学生充裕的时间，并要求学生建立课堂反思本，及时回顾反思，把本节课的知识点、思想方法或学习方法、解题错误的原因、学习的成败得失等及时记录下来，有效地培养了学生自我评价反思的意识和能力。

2. 在教师创造的"逆境"中引导学生反思。

教学过程中创设质疑情境，让学生有反思的机会。创设质疑情境实质在于引起学生内心的冲突，促使学生自觉地去探索问题、解答疑难，实现由学习者到研究者的角色转变。如：在我出示"有一个正方形的池塘，工人准备在池塘的四周种树，要求每边都有 50 棵。请你算一算，工人需要准备多少棵树？"这道题目后，很多同学马上解答：$50 \times 4=200$（棵）。我要求学生说理，学生则充满自信地阐述了自己的观点。针对这种情况，我要求学生再次审题，思考有没有其他的可能，并示意学生画图帮助。学生在再审题、画图、讨论的基础上，终于发现了此题隐藏的另一个任务：当四角都种上一棵树时，需要准备的树就是 $50 \times 4-4=196$（棵）。这时，教室里发出一片感叹："啊呀！我刚才做错了。""我当时怎么就没发现呢？"……当学生有了如此深切的体验时，我引导学生反思："你认为自己解决问题的方法存在什么问题？如何才能克服？"有的同学回答："我审题不清、不够全面，今后要认真地审题。"有的同学说："我知道在以后的学习中，我的脑海要经常有'图'，这样，思考问题也就全面了。"……身边真实的情景，看似非常简单却暗藏"杀机"的学习任务，使学生尝到了一丝苦涩，正是这种教师创造的"逆境"，推动了学生反思现实的动机。

（五）提升小学数学教师的信息化能力——运用翻转课堂教学模式

信息化时代，运用微课教学，可以提升小学数学教师的信息化能力。以乐育小学为例，2017 年 1 月，学校首先提出"翻转课堂教学模式"在高年级试点，数学科组所有成员根据实验方案的要求，进行了翻转课堂教学模式的探索和实践。通过实践，我们发现微课应用于教学带来的不只是教学内容呈现方式上的改变，更重要的是微课能够促进教师的教学方式和学生的学习方式的转变。为此，我们学校聘请高校教授做了数场专题讲座和培训，使教师能制作微课并将其运用于教学中。目前，学校探索出具有自己特色的翻转课堂教学模式，那就是："课前带着问题看'淘知学堂''三学苑'微课预习（尝试解决问题）—课中做'智乐园'练习反馈（学习小组互帮互教互学）—课后做'作业盒子APP'巩固"（大数据统计，使课堂讲评更具针对性）。这样的课堂模式，做到了师生减负，课堂翻转，信息技术贯彻始终。

运用翻转课堂教学模式，教师的专业成长进入了良性循环。此项研究带动的不仅仅是教师研读教材能力及信息技术水平的提升，更多的是让教师真正学会总结与反思。近年来，有近十篇关于微课研究的论文在刊物上发表，让一线教师的专业成长进入了良性循环。

在当今信息化时代，我们教师除具备优良的"人的核心素养"和扎实的"学科专业知识"外，还需要具备先进的教育教学思想、智慧的教学问题诊断解决能力和良好的信息化技术水平。只有这样，我们才能在学生人格成长中烙下永恒的数学印记："学做真人、守规则、懂自律、会反思。"这些数学的印记对学生的影响是巨大的：不仅仅体现在思考数学题的时候，而且也体现在做人做事的时候，而这些数学的印记也促使学生成人成才。

以生为本 以趣促学

梅州市梅江区江南育才小学 巫智敏

【摘要】在教学实践中，教师应以学生为本，从学生的心理特征出发，探寻学生感兴趣而且富有实效的学习方法，用小研究、提问题、实践操作、竞赛、故事创编等活动等吸引学生的学习兴趣，把学生引上有趣、高效学习的轨道，从而挖掘数学与生活的联系，使学生体会数学学习的乐趣，引导学生思考探究，感受数学的魅力。

【关键词】数学学习方法；学习兴趣；高效教学

数学教学，在很多人的印象中是艰涩难懂、枯燥乏味的，有着各种数字和复杂的计算。那么如何挖掘数学与生活的联系，体会数学学习的乐趣；如何引导学生思考探究，高效学习，感受数学的魅力，这些是教师对数学课堂教学的不断追求。在教学实践中，教者不断思索以学生为本的学习方式，从学生的心理特征出发，努力探寻学生感兴趣而且富有实效的教学策略，吸引学生的学习兴趣，把学生引上有趣、高效学习的轨道。

一、巧设"小研究"，为引入学习点燃"导火索"

苏霍姆林斯基曾说："在人的心灵深处，都有一种根深蒂固的需要，就是希望自己是一个发现者、研究者、探索者。在儿童的精神世界中，这种需要特别强烈。"因此教者结合教学需要，巧设课前"小研究"，使学生人人都有机会成为发现者，乐于做研究者和探索者。课前小研究，让学生有充分的时间和空间为学习做好准备，课堂上有备而来，一触即发。"小研究"为课堂高效教学点燃了"导火索"。

如，概念类设置查找资料，找来例子进行研究；计算类课程设置尝试计算的研究；数的认识，设置带来应用数字的例子；几何图形的认识通过拼图、剪一剪、画一画、做一做等形式做关于图形特征的研究；知识整理类则设置表格或绘制知识树等形式，列出知识点和例子、提醒点等做综合分析的研究。在课前做好指导、激励，让学生会做、喜欢做研究，加上课堂交流和及时的师生评价，给了学生一个平台，让学生自己发现、提出问题，分析、解决问题，在展示、讨论中生动灵活、饱满热情地学习。

例如，在教学"千以内数的认识"时，教者在课的开始前设计了这样的"小研究"：收集千以内数在生活中应用的研究，与同学交流分享。每个学生带来不同的实例，来自生活、书本或网络。如，我家新买的彩色电视 5368 元一台，我今年收到 3050 元的压岁钱，等等。教师在学生交流时引导学生注意数字是否准确、科学，有没有什么疑问。当有学生举例的数字不切实际时，其他学生就可以质疑和修正。将这样丰富的材料引入课堂，学生不知不觉中感受了数字的广泛应用，读数、写数和数的大小的概念在轻松、愉快的师生交流中获得。

二、指导"提问题"，为思考探究安装"发动机"

"提出一个问题，往往比回答一个问题更重要。"问题是思维的出发点，有了问题，思考和探究就有了"发动机"。把学生置于研究和思考的气氛中，促使学生提出问题、思考问题、解决问题，将更能激发学生兴味盎然地高效学习。

教者在教学中创造条件、搭建提问平台，让学生敢于提问；激励、指导他们如何提问，学会自己发现问题，成为学习的主人。课前认真地组织学生做数学小研究，为学生提供足够的独立思考的时间，要求学生提出不懂的问题，或是自学后提出问题考考同学，然后在小组中交流、讨论，共同解决问题。课的开始，把提问的机会抛给学生：看到这个课题，你觉得我们将要研究哪些问题？看到这个情景你想到什么问题？如在"圆的认识"一课的课题揭示后，学生就提出如下想要研究的问题：圆有什么特点？怎样画圆？圆周率是什么意思？怎样算圆的周长？圆的面积怎么求？……虽然本课不能将这些任务都解决，但学生通过积极思考发问，求知欲得以激发。课后又与学生这样交流：经过今天的学习，你又有什么思考？能发现新的问题吗？这样，课堂因为学生的提问和思考焕发出生命活力。

三、搭建"动手做"，为形成真知带上"助力器"

"动手做"理念指出：听会忘记，看能记住，做才能理解。在实践和动手中对知识的感知最强烈，形成的表象也最深刻。实践出真知，教师在设计教学活动时，要尽可能给学生提供动手实践的机会，助力学生进行自主探究，牢固掌握知识。

例如，在教学"升和毫升的认识"中，教师组织学生"玩一玩 1 升的水，看看能装几杯？""掂量下有多重？""猜一猜 1 毫升有多少，数一数 1 毫升有几滴？"等活动，让学生不断地与新知识亲密接触。在实践活动中，学生收获的不仅是知识，更重要的是整个活动带来的体验过程。又如在"长度单位的认识"的教学中，教者把学习活动的重点放在以估测和测量为主的动手操作活动中，如估计和测量文具的长度；自制米尺，测量羽毛球场、篮球场的长度、教学楼的长度等，并做记录，评一评谁的测量准。学生通过自制米尺，反复使用 1 米的这条绳，既加深了对 1 米的认识，又学会用 1 米来估计较长物体的长度，体会准确测量的广泛应用和重要性。

四、组织"比一比"，为投入学习注入"加速器"

"成功的教学所需要的不是强制，而是激发兴趣。"小学生具有强烈的好胜心，在这种心理的支配下，适时、适度的竞赛为学生投入学习注入"加速器"。竞赛能诱发学生的学习兴趣，有助于学生集中注意力，在竞赛目标的指引下达到主动参与，高效学习。同时，竞赛为学生创造展示自我、增强自信心的平台，从而转化为学习的动力，推动数学学习。例如口算比赛，比赛过程虽然只有短短的十分钟，但学生都在与时间赛跑，紧张有序，大脑在高速地运转，体会了竞赛带来的紧张和高效，竞赛后能体会取得成绩的轻松和喜悦，提高面对失败的心理承受能力。

五、自由"编故事"，为丰富学习内容加入"调味料"

故事引人入胜，深受学生喜欢。为学生提供创编的故事和展示交流的平台，你会发现一个个富有童趣、有智慧的数学故事，就像学习的"调味剂"，沾上一点更有味。学生常常会把数学和经历的生活或最喜欢的童话人物编在一起，把枯燥的算式变得很有趣。这样积极轻松认识数学与外在表达的联系，促使学生对算理和算法做进一步理解和应用，更有助于学生独立思考，并逐渐学会从数学的角度出发思考问题、解决问题，培养学生学习的主动性。

例如，在"乘加、乘减"的教学中，为了促进学生对乘加、乘减的运算的理解和应用，教者设计了看算式说故事，让学生用自己喜欢的问题故事情景表达算式。由学生写出来的情景问题真正地贴近他们的生活：有的学生带来家里做生意的问题，有些学生带来上超市购物的故事，有的学生带来童话问题故事，等等。多好的故事：雨后森林里空气清新，小蘑菇从地里探出头来了，小兔子们提着篮子出去采蘑菇啦！两只小灰兔各采了 18 个蘑菇，小白兔自己采了 20 个蘑菇。回到家，兔子妈妈说："小兔子们真乖，太好了！今天有蘑菇汤喝了。一共有多少个蘑菇呢？"请同学们帮它算一算。再看看分萝卜的故事：秋天到了，到处果实累累，小兔子们种的萝卜丰收了，一共收了 70 根萝卜，小兔子想：牛爷爷身体不好，羊大婶工作忙，小兔妹妹生病了，它决定送给它们每人 16 根，它自己还有多少根呢？你看这个故事里的小兔很细心，会照顾长辈和妹妹，把劳动果实拿来分享，是个很好的教育素材。学生自觉地听、记录，迅速地计算，枯燥的练习变成了故事会。

有兴趣才有渴求，有渴求才会积极主动，有积极主动才能高效完成学习。这些小策略，有效激发了学生的学习兴趣，吸引了学生的注意力和参与意识，使学生高效学习。"教无定法，贵在得法。"有趣而且高效的课堂将是我不断追求的目标。

以研究引领教学 提升教师专业素养

梅州市梅江区江南育才小学 巫智敏

【摘要】教科研是提升教研组教、学、研一体化水平的途径，将课题研究与学校教研开展相结合，有助于探索提升教师核心素养的策略。本文从以下几个方面提出进行教研课题实验研究的有效措施：教育教学理论的提升；骨干带头，提升教材分析能力；以课例研究为本，提升教材组织实践能力；建立规范的制度，争先创优促成长；以生为本，发展学生；经验推广，总结提升，以期提高课堂教学效率，促进教师专业素养发展。

【关键词】小学数学教师；校本课题研究；提升专业素养

学校要实现健康可持续发展，关键在于教师在教研中不断更新理念，不断创新实践。怎样使科组教师的专业素养水平得到进一步提高呢？怎样才能使教研活动成为教师专业成长的主动意愿和行为呢？这是我们一直在思考和研究的问题。虽然科组开展教研活动方法多样化，但有一点我们始终坚持——教师要从"经验型"转向"科研型"。为实现从"教书匠"到"教育教学专家"的跨越，课题研究必不可少。我们要以课题研究为"土壤"，并深入细化课题，促进教学教研，使每一位教师在一系列研究活动中成长进步。

一、提升教育教学理论

教师的核心素养的输液源泉是教育理论的提升。面对课题新理念、新目标，要使我们的教学成为永不枯竭的"智慧挑战"，教师必须舍"匠气"而就"师道"，始终把学习放在首位，不断地学习与吸收新的知识、更新观念，才能保持活力与生机。要提升小学数学教师核心素养，首要任务是进行有目的、有针对性的教育理论学习，或者学习他人的相关研究成果。为此，我们采用多种形式调动教师的学习积极性。

（一）集中学习

每周星期一整个下午，是江南育才小学数学科组全体教师集中学习的时间。在这一段时间里，我们以学习、读书会、专题研究等形式，组织全体教师学习有关信息时代下小学数学教师核心素养发展与教学相结合的理论书籍和相关文章。通过交流研讨会，教师之间互相交流，明确树立信息时代下学生发展规律试教的教学观，建立有个性的课程观，构建和谐的师生观、构筑多元评价的发展观，学习信息时代下教学教研策略，从而促进教师专业发展的深化和学校高效教学的深入开展。

（二）自主学习

在集体学习的基础上，教师逐渐养成了自我学习的习惯。为了对教师的学习有导向作用，数学科组会定期把课题理念的精髓或者某些精彩的、有代表性的教学案例摘录下来，印发给每位数学教师，同时还为大家购买了《小学数学新课程标准》《课堂教学精选案例》《小学数学教师核心素养》等书籍，教师也自行订阅了《小学数学教育》等刊物，通过学习、讨论、撰写心得等途径帮助教师提高业务水平。

课题开展以来，每位教师每学年撰写多篇读书笔记或教学心得以及至少两篇有质量的教学论文或教学设计，有效提高了参与理论提升的自觉性和实效性。

二、提升教材分析能力

教师的核心素养提升的路径是结合课程标准研究教材，提升教师的教材分析能力。

（一）形成备课组团队，发挥骨干教师的引领作用

教研组工作有持久的活力来自各年级备课组，所以备课组的负责人不但要有良好的思想素质、过硬的业务本领，还要有极强的组织能力，以及踏实的工作作风，这样才能发挥引领作用，开展好各项工作。

比如，江南育才小学现有 36 个教学班，实行科组分年级、分学段管理可以使科组教学、教研工作更加有序、高效。因此，我们在每个年级设立一个级组负责人——数学备课组组长，每个年段都设有学段负责人，一般由备课组组长兼任。备课组组长的主要任务有：组织本年级教师开展集体备课系列活动及科组教研课题的研究，包括确定研究课题、设计研究方案、开展研究、

总结研究成果、开发应用研究成果等活动；负责本年级教师学习、研讨或教学活动所需资料的收集、整理和分发；负责本年级学生活动的设计、组织与开展；负责本年级数学教学进度的把握与调节，以及教学质量的监控；组织年级教师探究平时教学中遇到的难题，等等。

（二）细化课题，深入教材、教学中的实际问题

数学组开展课题研究，要立足校本资源，紧紧围绕教育教学中的实际问题展开，把教育教学的问题转化为课题，把大课题分解为多个小课题，并不断从备课中、从教学中、从学习研究中发现问题，认真思考研究这些问题，从中确定自己的研究课题，从而使课题与工作结合起来。

在研究中，本着"大处着眼，小处着手"的原则，把研究目标层层分解，将研究内容具体化，分解到小组成员，使每个成员有具体可操作的研究内容，从而达到人人有研究项目，全体学员、成员参与研究，真正做到课题研究工作层层有人管理，人人参与研究，促进研究的落实。这样，有利于使实验教师在课题研究中形成个性化的研究，突显课题研究的独创性。

（三）确定可行性强的备课组研究方案

备课组课题专题教研活动可以有观看专家讲座视频、听课说课与评课、网络教研等各种形式，力求让教师在各种形式的教研活动中，通过看、听、说、写、做、思考等途径进行学习。不论哪种形式的学习，使教师真正进入思考的状态是关键。因此，教研活动应该设置让参与活动的教师感到值得思考或值得行动的参与点，并提供参与者及时交流的机会与平台。

例如，在"实施小组合作学习"专题教学研讨活动中，我们采用分年级开展"小组合作学习课例"研讨方式，具体步骤如下：

第一步：同年级教师共同商议、选定课题后独立钻研教材，独立备课。

第二步：A 教师上课，其他教师听课后进行评课，指出不足之处，提出修改意见和建议。

第三步：B 教师针对 A 教师课堂中存在的问题改进后第二次上课，其他教师听、评课。

第四步：C 教师针对 B 教师课堂中存在的问题改进后第三次上课，其他教师听、评课。

活动依以上步骤循环进行，促使参与活动的每一位教师在活动中认真观察、用心倾听、积极思考，在不断改进、不断反思的过程中共同进步；同时也让教师切实感受到课例研究、同伴互助的意义与魅力，激发教师对课堂教学艺术的不断追求。

三、提升教材组织实践能力

教师的核心素养提升的落实体现在教学设计及组织实践能力上。

（一）课例研究是源头活水

课堂实践是小学数学教师核心素养发展的源头活水，也是研究活动的载体和落脚点。教师最有效的培训是课例研习。教师作为上课者，作用是磨炼上课的技术；作为评课者，作用是对课堂技术的鉴定或反思。观课评课的焦点在教师、学生、教材之间的关系；析课评课的焦点在教学目标、教学内容、教学方法之间的关系。本阶段的活动目的是实现行为跟进，在理论学习之后，引导教师进行思考，并组织讨论，对活动专题形成初步的研究设想后，再到课堂中进行实践。

例如：学校在课题指引下开展的"以图引思，促进空间智能"的研讨，五年级组教师采用"集体研讨，骨干汇报"的方式展开课例研究，程序如下：

第一步：理论学习后，年级教师进行研讨，形成初步的研究设想，选定上课教师。上课教师对集体形成的研究设想消化理解后，精心备课。

第二步：进行课堂实践，并拍摄录像；同年级教师听课。

第三步：上课教师观看录像，对自己的课堂教学活动进行理性思考。

第四步：集体评课，指出不足之处，提出修改意见和建议，就上课教师在课堂教学和课后思考等环节遇到的问题进行商议，研究解决办法。

第五步：上课教师将集体研究得出的解决问题的策略再次运用到课堂教学中。

第六步：上课教师再次反思后与年级教师再次研讨总结做得较好的方面，分析存在的问题。

第七步：上课教师修改教学方案后，再次回到课堂进行研究。

这样，让教师带着思考，对教学实践进行行为的连环跟进与改进，借助实践这一有力工具去帮助教师进一步深化认识。在研究过程中教师的理念不断得到发展，这种理念支配着教师的教学活动，做到举一反三，在各种教学情境中不断调整策略，教师的教学智慧从中生成。这种形式有效解决了教育教学中所面临的问题，提高了课堂教学效率和教师的教学能力。

（二）定期集体研讨交流，形成共识

集体研讨、经验交流是专题教研的关键环节，交流促发展已经成为大家的共识。为了促进教研活动的健康发展，使大家能零距离获取信息并尽快运用于实践，进而内化成自身经验，本着"分享经验、互助互促"的原则，我们为教师间的交流和碰撞搭建各种交流平台，使大家能积极亮出自己的想法与做法，分享彼此的观点和经验，相互学习，共享经验成果。

例如，学校分学科开展高效课堂观察专题研讨活动，经过一个多学期的观察，发现教师课堂观察量规的指引下，从教师、教材、学生等多维度观察课堂，在课堂教学的效率方面有了较快的进步，同时也产生了一些困惑。在学校进行阶段总结、跨学科交流时，我们把数学组在专题研究中达成的共识介绍给其他学科的教师，让他们在教学实践中去验证、去运用，从他们的经验介绍中我们也受到不同的启发。

在专题教研活动的实施过程中，"加强学习，理论引领—课例研究，实践跟进—定期交流，形成共识"可以连续反复，也可以间隔反复。因为有的教学难题不可能一次性解决，需要多次付诸行动研究，继而以此为基础做出进一步的策略调整和再实践，然后再次总结提升，直到真正解决问题。

四、形成制度，全员参与促成长

教师的核心素养提升的保障：形成制度，全员参与。

（一）建立规范的听课、评课制度

结合课题研究，我们要求每位教师一学期根据信息时代下教学的理念上好一节汇报课，具体包括说课—上课—评课—课后反思四个环节，并要求学校有关行政和全体数学教师全员参与活动。汇报课评比结束后还要求每位教师整理上交以下材料：一篇较好的教学设计、一个完整的教学课件、一篇课堂教学案例与反思。以公开课、实验课、展示课为契机，着重抓好备课、评课、反思等环节，全员参与，任课教师和听课教师一起反思，共同分享得意之处，针对问题提出修改建议，尽可能每次都能让全体教师有所收获，争取共同发展。

（二）集体备课，促成一股凝聚力

教师专业水平的共同提高，需要教学合作的团队精神。集体备课是提高

教师专业水平，发挥骨干教师的引领功能，加速青年教师的成长、提高课堂教学质量的有效途径，是提高组内凝聚力、战斗力的有效平台。所以，我们要着力抓好集体备课活动，让大家在参与中合作，在合作中交流，在交流中沟通，在沟通中凝聚，以促科组凝聚力的形成。经研究实践，我们总结出分阶段的集体备课模式，主要流程包括三个阶段。（1）准备阶段：梳理教材，确定目标→分工合作，查找资料；（2）实施阶段：专人主讲，形成预案→个性处理，形成学案→听课研讨，集体会诊；（3）反思阶段：评价反思，形成资源→公开教学，展示风采。

（三）业务竞赛常规化，争先创优促成长

课题实施的过程中，借力各级教学竞赛机会，开展校级优质课评比活动、说课比赛、教学设计比赛等竞赛活动。竞赛对于教师来说既是机遇又是挑战，我们充分认识到评优课活动既是一个促进提高、积极学习的过程，又是一条实现自我超越的捷径。在每次竞赛活动中，我们以特有的为校争光的精神，高度重视，积极准备。在广东省小学数学优质课竞赛，市、区小学数学课堂教学竞赛现场都有江南育才小学年轻教师的身影。为了能在比赛中取得好成绩，参赛教师苦练基本功，集全体之力细研教学设计，一次次的教学竞赛换来了教师专业水平的提升以及优异的成绩。

业务竞赛的力量，推动数学组全体教师主动地寻求自身的发展，充分发挥自身的能动性和创造性，从而逐步实现素质全面、业务精良的目标。

五、以生为本，发展学生

教师的核心素养提升的回归：以生为本，发展学生。

（一）课题理念指导课堂实践，受益于学生

课堂是教育的主阵地，教学是教育的主渠道。教师素养发展理论如果能在课堂教学中被正确运用，并遵循学生身心发展规律，必将对开发学生的潜能、提高学生的综合素质与综合能力起到不可估量的作用。教师核心素养理论启发我们要组织多种形式的教学活动，使学生在活动中表现出多种智能，从而发现其优势智能，为其提供适合的教育形式和教学内容，如表达能力、动手能力、人际交往能力等，这在学生的核心素养发展中也是至关重要的。

（二）开展数学竞赛活动，为学生发展搭平台

开展教研活动的最终目的是让我们的学生成为最大的受益者，让学生热

爱数学、学好数学，最终形成技能。为此我们专为学生设置了一系列的数学活动，主题有：全体学生共同参与的"百题不错"口算竞赛、小学生计算能力竞赛，部分优秀学生参与的解决问题能力竞赛、数学日记评比活动，"几何空间"等游戏活动。这些活动的目的是激发学生学习数学的兴趣，提高学生的数学能力，促进学生的数学思维，形成数学技能，同时也为优秀学生提供更好的发展空间，最终实现多种智能的发掘和发展的课题及目标。

六、经验推广，总结提升

当校内研究专题形成一定的经验后适时进行经验推广，对教师的专业成长能起到积极的促动作用，同时也能为其他学校或学科的专题研究提供参考，减少和避免不必要的重复研究。

（一）开展优秀课例研讨汇报活动

我们通常在课题结题阶段，开展优秀课例研讨汇报活动。推广研讨活动一般采用表格的形式将活动流程安排告知参与活动的教师。在本环节，我们借鉴、采用"导研稿"的形式，列举课堂观察维度、观察点参与活动具体做法与收获，以及我们的反思与困惑，期望大家能从我们的实践与思考中受到启发。例如在研讨课环节提出以下问题：（1）学生各项活动创设与开展的有效性如何？您有何建议？（2）课例中信息技术应用与学生发展关系处理是否恰当？有何建议？在研讨环节组织大家交流经验提出如下问题：（1）您认为我校在本专题的研究中哪些方面做得比较好？（2）您认为我校在此项研究中还存在哪些不足的地方？有何建议？（3）贵校在课题的研究中有哪些好的做法？能否供我们借鉴？将活动各环节的学习任务明确告知活动参与者，同时收集意见和建议。

（二）总结研究成果，表彰奖励优秀教师

教师通过课题研究，边学习，边总结。骨干教师的教育思想、观念、教学方法发生了转变，结集课题实验研究相关的图片、读书笔记、教学设计、说课、反思、科研成果论文等，形成结题成果专辑。成果与表彰奖励，激发了教师的研究热情，在一项课题研究基本完成之后，全体教师将总结的经验运用到自己的教学实践中，并将其不断完善和提高，使理论和实践有效结合。同时，我们还将对活动的延续性、深入性和系列化等方面进行整体审视，反思活动各环节的有效性和存在的问题，以提高研究的实效性。

以上策略实践基于教师专业发展，有明确的主题和目标，可以细化、深入，实践、研究、总结相结合，是提高课堂教学效率，促进教师专业素养发展的有效策略。

小组合作在小学数学课堂的实践运用

梅州市梅江区乐育小学　邹强富

《义务教育数学课程标准》中指出："学生学习应当是一个生动活泼的、主动的和富有个性的过程，除接受学习外，动手实践、自主探索与合作交流也是数学学习的重要方式，学生应当有足够的时间和空间经历观察、实验、猜测、验证、推理、计算、证明等活动过程。"通过多年的教学实践，我感受到小组合作学习这种学习方式。不仅有利于培养学生的自主能力、思考能力、团结合作精神等，而且有利于小学生兴趣和综合素质的培养。本文重点讨论小组合作学习在小学数学教学课堂中的实践运用。

一堂课的时间是有限的，小组合作学习不是为了凑热闹。因此，教师课前必须精心设计合作学习的内容，不能随便拿一个问题就让学生讨论，要选择有价值的内容进行小组讨论和学习。我认为，在课堂上，有三种情况可以运用小组合作的方式进行教学。

一、在讲授新知识时的小组合作

学生每天都要接收、掌握大量的新知识，但有些知识并不是单靠教师在三尺讲台上慷慨激昂地讲授，要求学生大量、反复机械地练习就可以了。这样耗费了时间、精力，效果却不明显，这种"填鸭式"的教法已经被时代淘汰。而小组合作学习更注重的是让学生在动手操作、讨论过程中，快乐地去寻求解决问题的方案。例如，北师版小学数学一年级上册"整理房间"，这是一节让学生经历分类的过程、体验分类标准多样性的活动课。若教师只是口授"分类"的含义，学生会觉得很抽象，不理解。教师可以将学生分成四人一组，让学生根据实物图，按自己喜欢的方式帮小明把房间整理好。组员有负责整理文具的，把书、笔记本、文具盒、笔放在一起；有负责整理玩具的，把汽车、小熊、拨浪鼓、球放在一起；有负责整理衣服的，把两件衣服放在一起。教师给学生提供了充分的材料和参与数学活动的机会；学生通过亲自参与整理房间的实践活动与教师的引导，提高了学习积极性，从活动中感知分类的含义，初步了解分类的方法。

二、在解决教学难点时的小组合作

对于学习中的难点，教师直接把解法告诉学生，可能省时省力，而学生也能很快就明白，但以后遇到同类型的问题，可能会出现思维障碍的情况，而且学生的记忆也不会很深刻。如果采用合作学习的方式，让学生自己去经历解决问题的过程，能有效地促进学生对知识的真正理解。在教"有余数除法"时，我用 PPT 课件创设了这样一个情境：有一天，老师买来一些彩色笔，想分给同学们，每个人 5 支，能分给几个人呢？结果会怎么样呢？老师想考考同学，如果让你分，你会吗？看看你能有什么新发现。然后我让学生采取小组合作的形式，每组四人，并让他们用学习用具"小棒子"当作彩色笔，但各个小组的彩色笔数量均不相同。学生很积极地按要求分好组，每组有一个学生分彩色笔。接着全班一起讨论分配的结果。在汇报结果的过程中，有的学生就发现，从分配的结果看，可以把这些情况分成几类：正好分完的，余1 支的，余 2、3、4 支的。然后我再进行适当引导：会不会出现余 5 支或者 5支以上的？马上有学生反驳道："不可能，够 5 支又可以分给 1 个人了。"在这个分彩色笔的情境中，学生通过自己亲自动手分配，研究分得的结果，自然地从感性上明白了"余数一定要小于除数"的道理。

三、在练习中的小组合作

练习中有一些题要求较高，需要学生研究探讨。这时，把题目放到学习小组中大家一起探讨，学生也不会因为说错或说得不好而有所顾虑，大家畅所欲言，把自己遇到的困难说出来，把自己想到的办法讲出来全组共同解决。这样一来，教师把学习的时间和空间都给了学生，让学生一起边看边说、边做边想，在集体的智慧中积极探索、取长补短，从而解决问题。

出现学生容易出错的练习题时，学生各有各的说法，意见一时不能统一。教师如果马上公布答案，学生只是被动地接受，学习效果不一定好。这时教师把问题放到学习小组中让大家一起思考，最后得出结论，学生在交流、争执的过程中更加深了对问题的理解，所学的知识就能掌握得更牢固了。例如我在教学北师版小学教学二年级下册的"时、分、秒"时，用 PPT 课件出示了 3 时 55 分这一钟面。这时有的学生认为是 4 时 55 分，有的认为是 3 时 55 分，教室里一下子分成了两派，争论不休。我先让学生安静下来，在学习小组中说说自己的理由。学生在小组中讲了自己的想法后，再集体观察、讨论，最终达成共识。因为时针 4 时并没有走到，所以正确答案是 3 时 55 分，说错的学生也在小组讨论中知道了原因。我还用 PPT 课件展示了时钟从 3 时 55 分走到 4 时的动画，学生对时刻的认识更加深刻。

在练习中，学生还会碰到一些开放题，这些题目有的答案多样化，有的解题思路有多种。在解决这些题目时，学生寻求答案的思维没有局限。为了充分发挥学生的创新意识，这时教师可以组织学生采用小组合作的形式交流各自不同的想法，能培养学生从多角度去思考和处理应用问题的能力，也能培养学生向别人学习的好习惯。如一年级第一学期出现的□＋□=15、11−□＝□等这些题目的答案有许多种，对于学生来说很快就能独立写出两三种答案。通过小组交流，每个学生几乎都可以从同组其他同学那里得到另外的答案，既拓展了学生的思路，也提高了学生学习的积极性。我让学生在学习小组中交流自己的答案，虽然并不要求写出所有的答案，但是通过小组讨论，学生很快就能发现如果按从大到小或从小到大的规律就可以说出所学范围内的所有答案。小组合作学习让全体学生都有开动脑筋锻炼思维的机会。学生在互帮互学的氛围中主动地学习，这样不但解决了问题，激发了参与学习的欲望，学会了全面思考问题的方法，拓展了解题思路，也尝到了合作成功的快乐。

小组合作学习为课堂注入了活力，得到了很多教师的认同，也越来越被学生喜爱。这种学习方式不仅体现了学生的主体作用和教师的主导作用，而且激活了学生的思维，训练了学生的语言，交流了情感，锻炼了学生的学习能力，融洽了师生关系，使课堂教学更加科学合理。合作学习产生的辐射作用，为学生的终身发展提供了广阔的前景。作为教师的我们应从实际出发，结合学生特点，不断地探索研究，让我们的小组合作更有效！

小学数学问题解决式教学中学科结合的使用

梅州市梅江区教学研究室　梁媛民

【摘要】在问题解决式教学中，数学常常与其他学科，如信息技术、美术、语文、音乐等结合在一起。在小学数学问题解决式教学中，注意把数学与相关的学科结合起来，不仅能丰富数学的表现形式，而且对促进学生更深刻地理解数学，提高学生的学习兴趣有着非常重要的作用。本文介绍了在小学数学问题解决式教学中学科结合的必要性，以及信息技术、美术、语文、音乐资源在小学数学问题解决式教学中的应用，以期在小学数学教学中，通过多角度与各学科联系，培养学生从相关文化的角度学习数学的能力。

【关键词】小学数学；问题解决；学科结合

数学在基础教育教学中一直占据着十分重要的地位，但也是学生学习过程中比较困难的学科。新课改以来，教师的理论水平普遍有了提高，在课堂上，很多教师努力改变"满堂灌"的局面，通过师生互动与生生互动让课堂焕发出新的活力。但是，部分教师尚未能充分认识到学科结合对学生学习数学的促进作用，"重结论，轻过程"，"强化训练，弱化思考"，这就使得一些学生只学会了按程序解题，却没有学会数学思考。引导学生产生一种数学思维，并能够熟练地运用这种思维对社会的现实状况去观察、分析、总结，最终在日常的生活中学以致用，举一反三，以数学思维的形成来带动其他学科的学习，解决其他学学科学习中的同样或不同的问题，进而增强应用数学的意识，这在现代的数学教育过程中逐渐成为主导思想之一，也是我们研究"问题解决式教学策略"的初衷。由此我们不难看出，在学习和实践中，小学数学问题解决式教学同其他各学科综合使用的重要性。

一直以来，教育中过分强调学科教学专业化的思想，导致授课教师在本专业很优秀，但对其他学科涉猎过少或者一无所知。所以要改变现状，就必须摒弃传统的"专业"思想，主动地进行多学科学习，广泛涉猎，提高对各学科的认知并进行整理和融合，在进行数学问题解决式教学时有效、合理地对各学科资源加以利用。

一、小学数学问题解决式教学中学科结合的必要性

（一）对问题进行正确表征是问题解决的必要前提

"问题解决"不是狭义的"解决问题"，而是将"问题解决"的思路拓展到其他内容的学习中，也就是把所有数学学习都看作是"基于问题"的学习。在处理"问题"时，首先要提取认知结构中相关联的已有信息对问题进行表征。数学问题具有复杂性和抽象性，所以在解决问题时，如果只用数学方式进行表征，往往只表征到问题的某一方面，对问题本质分析不够透彻，不能发现解决问题的关键所在。

（二）兴趣是学习的内在动力

在小学数学的教学过程中，如果还是按传统的教学方法，很难提高学生的学习兴趣，而兴趣又是学好一门学科的主要动力。当你喜欢数学这门学科的时候，不用逼着自己背笔记，自然而然就会学习数学，喜欢数学的学习，喜欢思考数学问题，归类数学的学习方法。因此，教师要改变传统的数学教学方法，进行各学科的综合运用，通过不同学科的特点激发学生对数学的学习兴趣。

二、小学数学问题解决式教学中学科结合的应用

（一）利用信息技术的资源

华罗庚曾经说过，对数学产生枯燥乏味、神秘难懂的印象的主要原因就是脱离实际。所以，教师在教授数学时，可以将数学内容通俗化地讲解，这样学生会感到很贴近自己的生活和行为，依照此方法，对一些晦涩难懂的知识教师可以省很多力气去讲解，学生依然能够快速理解并掌握相关知识。这是因为学生自身有一定的生活基础，而这些基础中蕴含着各种各样的数学知识，教师以通俗的讲解激发了学生的兴趣，使学生轻易化解心中的疑问。

我们所处的时代被称为"信息爆炸时代"，海量的信息具有时效性强、资源丰富的特点。我们现在所使用的新世纪小学数学教科书（北师大版）虽然

努力在反映具有时代气息的数学世界，但是教材从编写、修订到印刷再到学生、教师的手中需要很长时间，有些信息已经过时了。我们在备课过程中可以利用信息技术的特点，引入时代活水，将小学数学问题解决式教学与信息技术完美结合在一起，大幅度地丰富学生的学习内容，让数学学科具有更光鲜的时代气息。教师在进行信息融合的同时，由于信息量的摄入增加，知识和视野必将得到大范围拓展，在这样的有利条件下，改变传统学科教学方式也不再是困扰的难题，教材内容也会"活"起来，一个贴近生活的数学学习方式就出现在眼前了。

比如在教授五年级上册的"平移"一课时，教师就可以通过观看我国高速铁路修建的视频，通过平移现象的视觉冲击引入新课。学生在了解中国铁路建设世界第一的速度是怎样来的以后，不仅能感受到平移现象在国家重大建设中的应用，激发其对"再认识"平移运动的浓厚兴趣，而且能油然而生一股自豪感，从而达到理想的爱国主义教育。教师要努力从学生熟悉的现实生活中寻找数学知识的"原型"，依靠学生对感性材料的直接兴趣激发学生的创新。

（二）利用语文学科的资源

数学与语文是基础教育阶段的两门重要学科，相辅相成，可以相互融合。例如三年级的同学跟父母去韩国旅游回来后通过写数学日记《时差》，不仅可以强化小学数学三年级上册第七单元"年、月、日"的知识理解和应用，而且可以更好地理解"时差"这一知识。通过"写数学"，语文的写作能力也得到了提升。数学教学中与语文学科整合的例子（形式）还有很多，像用关联词造句来复习巩固数学相关概念的理解，用缩句的方法来理解掌握文字题的结构，等等。

（三）利用音乐学科的资源

许多教师都曾因为数学课枯燥，缺乏"声""色"而烦恼，也曾羡慕音乐课上"唱唱、跳跳"的丰富多彩。学科课程综合化的重要理念为数学与音乐的融合提供了机会。一些数学课可以用"音乐化"的形式呈现出来，形成一种崭新的课堂教学面貌。如在小学数学四年级上册第八单元"可能性"学习的课堂上，上课开始教师就可以通过有节奏的拍手游戏来导入课题，在练习巩固阶段可以让学生自己创造出有规律有节奏的拍手游戏来判断哪些是必然现象，哪些是不可能现象，哪些是随机现象，这样在快乐的游戏中巩固提高新知。

（四）利用美术学科的资源

爱画画几乎是每个孩子的天性，孩子们天生就是一个个小画家。实践证明，画数学是孩子们喜爱的一项数学活动，绝大部分的学生都喜欢用这种形式来记录问题，丰富的情境所承载的是生活中鲜活的数学问题，学生喜欢这样的实际问题。

例如，在学习"观察物体"后，教师可以让学生在课后选取一样自己喜欢的物体，分别从物体的正前方、正后方、左面、右面、上面观察物体并画出所看到的物体的形状，让学生在实物观察、空间想象和画图的过程中，体验从不同的位置（角度）观察物体，初步发展空间想象能力，形成初步的空间观念。

图形组织者是一种可视化思维工具，通过可视化组织，图形组织者可以形成促进思维发展的引导框架和网络，将问题解决过程中的各种思维结构以直观、形象和清晰的结构图展现出来。所以，通过学生独立完成或者小组合作完成等形式形成概念图、思维导图、网络图等，新旧知识之间联系更为密切，学生的理解得以丰富与深化。

三、结语

数学是一门实用性、综合性很强的学科，问题解决式教学是指以"问题解决"教育思想为指导，在特定的教学情境中，为实现教学目标而制定的有效决策与设计，并在实施过程中不断调适、优化，使教学效果达到最佳的一种教学策略。在小学数学问题解决式教学中，如果能将数学与多种学科结合，进行适当的互动教学，学生就会化被动为主动，领悟数学学科中蕴含的丰富的文化价值，通过多角度与各学科相联系，培养学生从相关文化的角度去学习数学的能力。然而，要将各学科相互渗透、彼此综合，必然要求授课教师在精通自身数学专业的前提下，有目的地涉猎其他关联学科，形成一个完善的知识网络体系，更好更快地跟上教育改革的脚步。数学教师应努力提高自身素质，不断地充实、完善自己，使自己成为一名"全能教师"，使学科综合成为问题解决教学中始终坚持的教学方法之一。

总之，在小学数学问题解决式教学中，授课教师能够以教材为起点，结合实际生活以及丰富的知识解构，对授课内容进行巧妙处理、灵活设计，将其他学科的精华转为数学学习的辅助，那么呈现在众人眼前的必将是充满生机与活力的、高效的数学课堂，一个被学生深深喜爱的数学学习乐园。

促进自主管理 培养创新能力

梅州市梅江区江南育才小学 杨帆

当前，我们正在积极探索和构建一种以学生为主体，充分相信学生，尊重学生，依靠学生，通过培养学生的主体意识，提高学生自主能力，让学生自己管理自己，自己教育自己，实现学生自我和谐发展的德育新模式。

创新是一个民族进步的灵魂，是一个国家兴旺发达的不竭动力。培养学生创新精神和创新能力，是我们德育工作的一项核心内容。而学生创新精神和创新能力的培养，必须有学生的积极参与，必须有学生的亲身实践和体验。所以，学生自主管理与自我发展，是培养学生创新意识和创新能力的重要方式和有效手段。下面就江南育才小学促进学生自主管理与自我发展，增强学生创新意识，培养学生创新精神和创新能力方面，谈一些做法和体会。

一、创建自主发展环境，是培养学生创新意识的天地

近几年来，学校按照"搭建发展平台，弘扬学生个性，突出学生主体，促进自主发展"的工作思路，加强校园环境建设，新建了体育园地，丰富了艺术园地，创建了校园文化园地，优化了学习园地，并让学生自主管理，从内容、装饰、卫生到具体的使用管理等，都由学生在老师的指导下通过学生轮值的形式，让学生在做中学，在学中悟，在悟中得到健康发展。

学校利用有限空间，因地制宜，在校园内合理布置体育设施，使学生犹如进入健康乐园，积极锻炼，不断提高身体素质。在学习园地上，学校充分发挥各学习室场，如电脑室、音乐室、美术室、语音室、劳技室等的功能作用，做到场地落实、器材落实、时间落实、内容落实、人员落实，使各学习园地成为培养学生创新思维品质的重要场所，成为学校校本教研的重要阵地。学校还以弘扬学生个性为主线，以开展校园文化和班级文化建设为载体，让整个校园充满童真、童趣，成为学生个性发展的快乐世界。

由于各个园地、场所、阵地等都由学生在老师的指导下通过学生轮值的

形式进行使用和管理，学生都热情高涨，充分激发了学生的积极性，使学生不但学习了许多的知识，还培养了技能技巧。特别是亲身的参与和经历，更让学生充分发挥聪明才智和潜力，培养和增强了学生创新的动力意识、超越意识、质疑意识、协作意识等，学生的创新的意识和综合素质得到明显提高。

二、构建自主、合作、探究性学习的课堂，是培养学生创新精神的主阵地

教育部在《基础教育课程改革纲要（试行）》提出："改变课程实施过于强调接受学习、死记硬背、机械训练的现象，倡导学生主动参与、乐于探究、勤于动手，培养学生搜集和处理信息的能力、获取新知识的能力、分析和解决问题的能力以及交流与合作的能力。"实际上就是要求我们的课堂教学要让学生自主参与，积极探索，培养创新学习的能力。

自实施新课改以来，学校提出了"自主、减负、创新、有效"的课堂教学原则，把课堂教学当作培养学生创新意识和创新精神的主阵地，实行课堂教学"自主化"。要求做到三个"让"：一让学生讲，提倡七嘴八舌，提倡标新立异；二让学生做，用眼看，动脑动手；三让学生评，评学生、评老师。提出"三个不准"：不准"满堂灌"，不准照本宣科，不准熄灭学生求异的火花。建立平等的师生关系，形成民主的教风学风，让学生读书而不"唯书"，尊师而不"唯师"。

在课堂教学中，学校积极就如何创新学生学习方式，优化课堂教学，进行了有益的探索，积极构建了"探究性学习""体验性学习"的基本框架。让探究性的学习方式广泛应用于各学科教学。语文、道德与法治、综合实践等学科，结合实际采取"读一读、写一写、查一查、做一做"等方式进行体验性学习；数学、科学等学科则结合特点采取"看一看、摸一摸、闻一闻、摆一摆、折一折、剪一剪"等方式加强学生对学习过程的体验。

为了实施新课改、落实新课标，学校要求教师要结合新课改的需要，大胆创新教学模式，充分利用"愉快教学""情景教学"等模式，建立自主、合作、探究性学习的课堂，促进学生乐学，让课堂成为激发学生创新精神的主阵地，激发学生的好奇心、求知欲和想象力，培养学生创造性思维品质，培育学生的科学精神与人文精神，发展学生的探究、发现和初步的创造能力。

三、开展丰富多彩的活动是培养学生创新能力重要载体

教育家苏霍姆林斯基认为："真正的教育是自我教育。"《中学德育大纲》指出："特别要重视发挥共青团、少先队、学生会等学生组织的作用，引导学生自己管理自己、教育自己。"而学生创新品质和创新能力的形成，离不开丰富多彩的实践活动。学校按照"以学生为中心，以实践为载体"的原则，结合班级工作和少先队工作，积极开展以学生自主组织为特色的各项丰富多彩的活动；同时，树立大课堂的思想，积极开设以学生为主体的各学科各项活动课程。

为充分发挥学生积极性，学校组织开展形式多样的各项校内校外、课内课外活动。如"五爱"教育活动、"五小"竞赛活动、"六一"游园活动、春游和秋游活动、科技创新活动、环境保护活动、文明班流动红旗评比活动等。如每周一早晨的升国旗仪式，从策划、组织、主持，到"国旗下讲话"等具体内容和过程，在少先队辅导员的指导、培训下，学生都学会并掌握了所有的程序。在学生的实践练习过程中，学生还提出一些补充和改进的意见。具有鲜明特色的江南育才小学升国旗仪式就是学生自主管理，培养学生实践创新能力的一个缩影。

又如语文学科结合各级各部门的有关要求和学生发展需要，积极开展了"争当阅读之星，让书香飘满校园"的活动，每班都开设了阅读活动课；充分利用学校图书室和班级"图书角"，积极发动和鼓励学生大量阅读课外书报，并让学生自己组织开展写读书心得体会，进行交流，还出版手抄报、黑板报，举行了作文比赛、讲故事比赛、普通话朗诵比赛、写字比赛，阅读知识竞赛等，从而进一步锻炼了学生的能力，丰富了学生的学习生活，提高了学生的阅读、写作和语文实践能力，学生的语文综合素质得到明显提高。

数学学科为了促进学生数学思维能力的提高，在低年级积极开展了口算比赛、计算竞赛，在高年级开展了解决问题等竞赛活动。各年级还开展"我出题，你来答""寻找生活中的数学"等趣味数学的评比活动，促进学生创新数学思维能力的提高。

英语学科为了培养学生英语口语能力，在全校三至六年级开展了"英语手抄报"大赛和"英语写作比赛"等活动，从而激发了学生学习英语的兴趣，促进了学生英语水平的提高。

体育、音乐、美术、科学等学科也积极开展"阳光体育""快乐音乐""美术欣赏""科学实验"等各项活动。

这些丰富多彩的活动，都是以学生为主的自主组织，并在教师的指导下开展的，有效地培养了学生多观察、多思考、多动手的能力；同时结合实际情况，采取全员参与、分类设奖、层层选拔、公开展示的方式，打造一个让学生乐学创新的发展平台，让学生进入大课堂，走进创新的天地。这些活动培养了学生能够独立地、综合地运用已有的知识，发现新的知识、观点和方法，掌握其中的规律并运用于解决问题的能力，特别是不断提高学生的学习能力、分析能力、综合能力、想象能力、批判能力、创造能力、解决问题的能力、实践能力、组织协调能力以及整合多种能力的能力，满足不同个性学生的学习需求，发展了他们的特长，让学生真正体验到创新成功的快乐，从而切实提高了学生的整体素质，让一批学科尖子脱颖而出，为学校争得了荣誉。

实践证明，培养学生创新精神和创新能力，是江南育才小学教育的核心目标；而加强和促进学生自主管理，则是增强学生创新意识，培养学生创新精神和创新能力的重要手段，对进一步促进学生自我和谐发展起着十分重要的作用。

浅谈小学信息技术课堂中
学生的自主学习能力的培养

梅州市梅江区江南育才小学　李良福

【摘要】自主学习能力是信息社会人们应该具备的基本能力，也是信息技术学科的重要培养目标。如何激发学生的学习兴趣并高质量地完成教学任务是小学信息技术课需要不断探索的问题。实施自主探究学习模式有利于调动学生的积极性和主动性，有利于充分发挥学生的潜能。在信息技术教学中培养学生的自主学习能力，具有重要的探讨价值。

【关键词】信息技术；自主学习；兴趣；学习任务；学习资源；评价

一、小学信息技术学科现状和亟须解决的问题

信息技术课程进入小学课堂至今已有十余年，相对于传统学科如语文、数学等而言，它是一门年轻的学科，也是不太受家长们重视的学科。目前，小学从三年级或四年级开始开设信息技术课，每班每周仅有 1 课时。一位专职的信息技术教师一般要执教一千多名学生，根本不可能具体了解每个学生的能力水平，课堂上无法照顾到每个学生，难以对学生进行有针对性的辅导，教学进度也只能满足一部分学生的要求。以教师讲解示范，学生学习后操作练习的常用课堂教学模式进行教学，有的学生"吃不饱"，有的学生"吃不了"。一些零基础的学生，在学习上反复经受挫折之后，很容易失去继续学习的信心和对这门课程的兴趣。这些是目前传统小学信息技术课中的普遍性问题。

新课程强调学生是学习的主人，在教学中要充分其发挥主体性。信息技术学科知识发展飞速，只有让学生学会怎样去学，才能跟上信息时代的发展步伐。因此信息技术的教学应立足于学生学习能力的培养，特别是自主学习

能力的培养。

二、在小学信息技术课堂教学中如何培养学生的自主学习能力

（一）思想教育为先，让学生形成自主学习的意识

夸美纽斯说过："兴趣是创造一个欢乐和光明的教学环境的主要途径之一。"小学生好奇心重，自控力差，连续学习的时间不长，行为习惯正处于逐步养成阶段。许多学生并不明白上信息技术课的目的，所以常常会把上信息技术课当成是去"玩电脑"。如果学生只是表面地、形式化地去掌握所学的知识，遇到困难时往往会丧失信心，不能坚持学习。因此，我们在平时的教学中要为学生树立优秀的学习榜样，宣扬新技术、IT名人等，让信息技术改变生活的思想深入学生的内心，让学生明白信息技术在学习和生活中的重要作用，从而让学生把学好信息技术、用好信息技术内化成为自身的内在需要。同时，我们还要为学生提供优秀作品展现的舞台，以此吸引更多的学生投入到自主学习创作中来。比如可以在学校网站进行成果展示，鼓励学生积极参加全国中小学生电脑竞赛、全国创意编程大赛等各项活动，对学生的优秀参赛作品和获奖情况进行讲解点评，等等。教师要对每个学生都抱以殷切期望，真正做到爱学生，公平对待每个学生，这样学生才会热爱这位教师所教的课程，才会积极主动地探索这门学科的知识。

（二）合理设计驱动式学习任务，促使学生自主完成学习任务

现代教育理论提倡以学生为中心，强调学生"学"的主动性，设计难易适度的学习任务，有利于学生愉快主动地完成学习任务。学习的任务级别设定可以为基础任务、提高任务、拓展任务等循序渐进的阶梯式任务。让所有学生都能完成基础任务，大部分学生能完成提高任务，能力强的部分学生可以在课中、课后继续挑战拓展性的高级任务。同时，任务的设计要符合小学生的心理特点和认知水平，贴近他们的生活实际，才能调动其学习的积极性和热情度。比如，在教学"画图"中的选择工具如何使用时，我将自主学习任务分解为"基础任务：完成9格拼图还原；提高任务：完成16格拼图还原；拓展任务：自主设计制作一个9格拼图任务"三个层次，将枯燥乏味的知识点变成好玩有趣的游戏。学生在快速地完成挑战任务的同时学会了知识和技能。在信息技术的教学中，给学生设计真实的学习任务是十分有意义的，它既能激发学生的兴趣，又让学生拥有学习的主动权。学生在一个个精心设计的信

息技术任务驱动下展开学习，在不断探索学习的过程中，由易到难，循序渐进地完成一个个学习任务，在完成任务的过程中，学生的自主分析、解决问题的能力都得到了培养。在这个过程中，学生不断地获得成就感，激发求知欲望，让自主学习逐步进入良性循环。

（三）提供丰富的参考学习资源，为学生自主学习创造条件

教师在备课过程中要搜集、整理丰富的素材资源，提供诸如文本、图片、微课视频、音频等不同的学习资源，尽可能满足不同学生的个性需求。针对拔尖的学生还要设计高难度的习题或操作，让他们有发挥自己特长的平台与空间。比如在教授"画图"中选择工具如何使用时，我分别为学生准备了文本（基本知识点、注意事项、学习要求）、图片（女孩喜欢的美少女动漫拼图素材、男孩子喜欢的机车拼图素材、其他可选难度拼图素材）、详细解说示范微课视频等，为学生自主完成学习任务提供了全方位的支持。在没有老师和同学指点的前提下，大部分学生都能独立自主地依靠老师提供的学习资源完成学习任务。如果没有丰富而有趣的参考学习资源，学生难以自主完成学习任务，也容易产生畏难情绪和缺乏学习动力。

（四）创设民主、宽松、和谐融洽的教学气氛

当代教育学家沙塔诺夫强调："在课堂上创造一种普遍互相尊重、精神上平等、心理上舒坦的气氛是每个教师的首要责任。"良好的教学气氛对教学活动的开展非常重要。教师在信息技术课堂中应营造这种氛围，让学生在学习中自由自在，无拘无束，方能产生思维碰撞，闪现思维火花；方能使学生的思维活跃起来，从而勤于思考，乐于思考，更加积极自主地投入学习。

（五）干预课堂走向，提高学生自主学习效果

教师应适时干预自主式学习，才能掌控课堂教学的发展方向。如果上课只提供教学资源，是不足以达到教学效果的。在教学过程中，教师要扮演内容呈现者、学习帮助者和课程设计者等多重角色。在学生自己无法解决问题时，除了向教师寻求帮助以外，在小组之间、组与组之间寻求帮助是很好的选择，这有利于集体的智慧得到充分发挥。在与其他同学交流的过程中，学生有时不仅可以获取问题的解决办法，还可以为以前的旧问题找到新思路、新方法。

（六）优化自主学习的评价，强化和激励学生主动学习

科学、合理、多元化的评价方法有利于学生创新能力和实践能力的培养。

学习评价是对学生学习活动中的问题思考或对任务完成情况的反馈，可以有效地促进学生自我完善、自我实现。教学任务之后要安排一定时间进行成果展示，开展师生评价，这样学生之间就会有对比，为什么有些同学没有做出来，知道为什么失败的原因，大家一起共同进步。另外，辅之以竞争性获取展示机会和及时予以展示效果评价可以使学生在评价中获得认同，增强荣誉感和成就感，学生的自我成就感会一直使学生保持良好的学习动力。

"给孩子一些权利，让他自己去选择；给孩子一个条件，让他自己去锻炼；给孩子一个问题，让他自己找答案；给孩子一点困难，让他自己去解决；给孩子一片空间，让他自己向前走。"教师要尽量多地为学生创造机会，这样才能充分培养学生的自主学习精神。机械地只强调学生必须在学习上自主，或用强硬的手法压着学生是行不通的。自主式学习不等于放任自流，当学生遇到问题，教师要与学生共同探讨，启发学生思维，指点学生找出解决办法。影响学生的自主式学习效果的原因有很多，比如教师自身理论水平低，相关的理论研究比较少；实践的资料比较少，教师的教学资源设计还不够完善，缺乏特色；对培养学生自主学习能力的研究不深，方法欠缺，无法让学生提起兴趣。也有可能是部分学生对信息技术课的重要性认识不到位，造成课堂组织困难。教师要善于发现问题和解决问题，加强自身业务能力的提升。当学生学会主动去思考，在发现问题时能自行去寻找答案，请教同学、寻求教师的帮助时，学生的自主学习能力才算真正有了提高。

让教材"活"起来，让学生"动"起来

梅州市梅江区江南育才小学　廖桂红

【摘要】新课程改革的实验研究是一个继承发扬、调整完善、改革创新的过程。在实践课改的过程中，新的思想、新的观念不断撞击着我们的教学理念，"如何正确理解教材？又怎样合理地使用教材？"便成为广大教师共同思考的问题。

【关键词】数学课改；活动游戏；主动探究

新课程改革的实验研究是一个继承发扬、调整完善、改革创新的过程。在实践课改的过程中，新的思想、新的观念不断撞击着我们的教学理念，"如何正确理解教材，又怎样合理地使用教材"便成为广大教师共同思考的问题。

首先，教学教材不应该成为学生学习的范本，它只为学生提供学习的基本素材，是学生进行数学学习活动、实现学习目标的重要资源。

其次，数学教材也不应该是教师教学的"圣经"，它是教师从事课堂教学的基本线索，是教师实施教学理念的载体，也是数学课堂教学的依托。

更重要的是，好的课堂教学应当使学生有更多的思考余地。好的教师应当是善于驾驭教材的，能为学生开发更多的发展空间。

比如，现行的数学教材非常注意从学生生活实际选取活动素材，并在实践性、开放性、自主性、综合性与社会性等方面体现鲜明的特色。那么我们在实际使用中既要以教材为本，又要敢于跳出教材，主动把握教材的开放性和弹性；大胆利用其中可供调整、开发、拓展的弹性空间，用课改的理念来驾驭教材——强调引导学生在"做""实验""探究""验证"等一系列数学活动中发现和解决问题，体验和感受生活。教材的"运动"，是为了让书本上的知识"活"起来，更重要的是让学生"动"起来，使教材更好地服务于学生，服务于教学。

一、妙手生"花"——让我们一起游戏

不拘泥于原有的教材，大胆地处理教材，机智灵活地使用教材。根据实际需要可以适当增补、调整教学内容，有时哪怕只是增加一个小小的活动环节，也能妙手生"花"，使教学内容更丰满、更有趣，且富有挑战性。

教学"倒数"一课时，为了突出这一课的教学要点——理解两个数的关系，使学生弄清"两者是互相的"这个要素，教师可以设计"找朋友"的活动环节，既有效地激发学生的学习兴趣，又能巧妙地突出知识要点，有趣又有效。

二、按"需"索计——这是我们熟悉的人民币

美国教育心理学家奥苏贝尔曾经说过："如果我不得不把教育心理学还原为一条原理的话，我将会说，影响学习的最重要原因是学生已经知道了什么。我们应当根据学生原有的知识状况去进行教学。"我们设计的教学活动必须基于学生的生活经验，这是有效的数学学习活动的基础。

教学"认识人民币"一课时，考虑到学生对人民币比较熟悉，生活中已经积累了一定的经验，于是我对原有教材做了恰当的调整，设计了分钱币（按面值分）、认钱币（归类认识）、换钱币（元、角互换）、买东西四个教学环节，充分发挥了学生原有经验的作用，避免了学生重复认识，活跃了学生的思维，收到了较好的教学效果。

我们的学生不是白纸，不是空空如也的瓶子，他们是有个性、有思想、有情感的活生生的人，或多或少已经有一些数学知识和生活经验。当学生的认知水平高于教材的要求时，教师可根据学情，按需"索"计，进行合理删减或简化。

三、留"白"天地宽——我们喜欢这样的探究

教师可以通过调整、补充等方式，为学生提供有意义、富有挑战性的学习内容，放手学生，把空间还给学生，引导他们通过主动探究和合作交流，亲身经历数学活动的过程，逐渐学会一些探究方法。教师对教材的这种合理开发，对学生合理的开放，就像给教材做"乘法"，产生的效果是"事半功倍"的——创造的不仅仅是学生探索数学知识的机会和条件，还有今后他们

面对学习、面对生活的信心和能力。

实践证明，教师对教材做出积极的处理，为学生活动留"白"，不仅活跃了课堂教学气氛，调动了学生主动学习的兴趣，同时也给学生的思维活动拓展了空间，取得了令人满意的教学效果。

以课标为纲，以教材为本，以学生的需求为依据，与生活实际相结合，是活用教材的前提。但并不是说使用教材就一定要改变教材内容，一定要打破原有结构重组教材，更不可一味追求标新立异而丢弃教材。从立足学生长远发展的角度来审视，一切教学行为都应当是为学生服务的，教材的"运动"或许只是一个表面现象，通过教学活动实现学生学习方法的转变才是根本。"义务教育阶段的数学课程，其基本出发点是促进学生全面、持续、和谐的发展。"这应当成为我们的共识。

引导学生参与 注重能力培养

梅州市梅江区江南育才小学　廖桂红

数学活动经验不像单纯地教授知识那样，能够快速直接地进行传递。它是在学习活动中慢慢积累、总结出来的。"图形与几何"领域对学生的空间想象能力要求较高，怎样利用学生已有的经验，升华学习活动，从而丰富学生的数学基本活动经验，是值得研究的问题。教师要为学生创设学习情境，提供信息，引导学生积极思维，让学生参与数学活动的全过程，在探索未知领域的过程中发展思维、获得知识，并有效地实现知识训练智力的价值。

一、参与假设，敢于发表见解

面对新的问题，学生总有好奇心理，总想七嘴八舌地议论一番，只不过慑于课堂纪律、教师威严或者碍于脸面而不敢声张，这样就减弱了学生探索新知的热情。如在教学"圆的面积"一课时，教师领学生复习了平面图形之间可以转化的思想方法之后，提出实际问题：拿出手中的圆形纸片，设想圆能转化成什么图形？学生各抒己见，说遍了所学的各种平面图形，教师都一一鼓励而不明确表态。就在这时，一个学生站起来说："刚才他们的设想我觉得不对，圆的周围是曲线，不管怎样剪和拼，曲线不可能变直。"另一个学生接着说道："曲线是可以变直的，比如切西瓜，每一份如果切得很小，西瓜的边上看起来就是直的了。"学生在假设的过程中充分体现出他们的生活经验，并且触及问题的实质，联系实际提出了创造性的见解，这些正是深入理解本节课知识的前提和基础。

在参与假设的过程中，教师要善于启发，鼓励学生、赏识学生，注重培养学生思维的求异性。

二、参与发现，培养预测能力

历史上的许多重大发现都是从猜测开始的。猜测能力是一种非常有价值的能力。有的教师认为学习是学生接受前人间接经验的过程，何必费尽九牛二虎之力当作直接经验来教，把结论告诉他们不就完了？这种观点显然是把学生当作被动的容器，不利于学生核心素养的发展，教出的学生永远只能步前人的后尘，而不会自己去发现、去开拓。况且数学是思维的教学，学习数学的情趣和奥妙全在于学生亲自参与探索数学规律的全过程，发现可能存在的规律与结论，学习数学的思想方法，体验成功的喜悦。

如在教学"三角形的内角和是 180°"的结论时，教师可以分以下几个层次逐步推进，层层设疑，引导学生发现。（1）统一准备好画在练习纸上的锐角、钝角和直角三角形，猜测一个三角形的内角和是多少度？答案有 90°、120°、160°、180°、200°、270° 等。（2）讨论如何知道三角形的内角和。有的说用量角器测量；有的说把三角形剪下来拼成一个大角再看；还有人想到延长三角形的三边，这时 6 个小角构成了 3 个平角，通过计算 3 个外角的度数，计算三角形的内角和。讨论后决定选择第二种方法，学生动手操作。（3）这时再猜测，内角和是多少度？答案接近 180° 了，有 170°、175°、180°、183° 等。（4）真的是 180° 吗？用测量工具量一量，发现就是 180°。少数学生的结果在 180° 左右，教师告诉他们这是误差的缘故。

整个过程渗透了"实践是检验真理的唯一标准"的唯物主义思想，渗透了由特殊到一般的归纳推理的方法指导，通过剪、拼、贴、量等实践活动，培养了学生做事认真细致、精益求精的好习惯。

三、参与应用，增强实践能力

"纸上得来终觉浅，绝知此事要躬行。"实践性是核心素养形成的一大特性。参与应用知识，能加深学生对书本知识的深层次的理解，提高学生对学习意义的深层次认识，通过解决实际问题，在丰富多彩的实践中认识世界改造世界、美化世界。如，把一个正方形铁皮，剪成一个最大的无盖正方体，利用了这个正方形的几分之几？这是检验学生实践能力的一道题，教师让学生回家去做一做，结果学生轻而易举地发现将正方形等分成 9 份，利用了 5 份。

教师要创造性地创设实际生活情境，精心设计与书本知识密切联系的实际问题，将动手操作练习作为课内延伸、课外练习的主要内容，实现"在实践上教"和"在实践中学"的完美结合。

　　总之，"图形与几何"教学中帮助学生有效地积累数学基本活动经验是一个长期的过程，不是一两次活动就能完成的。教师要动用一切可能的手段，精心设计教学过程，为学生创设各种参与活动的条件，让每个学生都有参与和表现的机会。当然，在学生的参与活动中，教师要加强引导和启发，充分发挥学生的自觉性、主动性、独立性、积极性和创造性，从而逐步形成数学活动经验。

聚焦数学核心素养
培养小学生的创新能力

梅州市梅江区江南育才小学　林汉辉

【摘要】随着新课改的不断深入，核心素养的培育成为我国教育的重点内容。数学核心素养的养成能够提高学生的分析数据能力、思考应用能力和创新能力。基于国家制定的《中国学生发展核心素养》，结合小学数学的教学现状，本文提出小学数学核心素养和创新能力的培养策略，以期为提高小学生的创新能力，促进其全面发展提供参考。

【关键词】小学生；数学；核心素养；创新能力

一、引言

小学教育是我国义务教育的初级阶段，其数学教学是培养小学生核心素养的重要课程之一。数学核心素养与具体教学的有效结合，是当前数学教师所面临的重要问题。在实际的课堂教学中，教师的教学观陈旧，由于种种因素的影响，仍使用传统"满堂灌"的教学模式，忽略了学生在教学中的主体性，打击了学生探索新知识的积极性，同时数学课堂单一乏味，无法激发学生的数学学习兴趣。针对上述情况，数学教师应当聚焦核心素养的培育，积极优化数学教学手段，促进学生的全面发展。

二、核心素养和数学核心素养概述

核心素养指的是学生在学校教育中，逐步形成的适应个人和社会发展需要的重要能力。我国发布的《中国学生发展核心素养》指出，核心素养包括文化基础、自主发展、社会参与三个方面，具体包括人文底蕴、科学精神、学会学习、健康生活、责任担当、实践创新六大素养。

数学核心素养指的是学生在学习数学中逐渐获得的有特定意义的综合性能力，一般包括符号意识、空间概念、几何思维等数学思维以及数学基本技能和数学策略的应用等内容。

三、培养学生核心素养和创新能力的具体策略

（一）创设问题，摆脱思维局限

由于传统教学模式的影响，学生对教师有一定的依赖性，被动地获取知识，缺乏自主探究的意识，思维方式也比较单一，容易形成思维僵局。因此，数学教师在课堂教学中要不断改善教学策略，利用问题引导学生探究新的知识点，从而改变其固有的思维方式。

以"加法与乘法的换算"的学习为例，在实际的教学中，笔者设置了有关运算规律的题目，具体为：1+1+1+1+1=？ 3+3+3+3+3=？ 5+5+5+5+6=？

前两个式子，学生大部分都可以快速换算为乘法，而对最后一个则会产生一些困惑。在笔者的一些提示下，学生顺利地列出了 $5 \times 4+6$ 的结果。对于该解法笔者及时给予了肯定，并提出了 $5 \times 5-1$ 的结果，让学生讨论是否正确，并说明理由。最后一名学生正确说出了其解题原理，即将最后一个"6"拆分成了"5"和"1"。通过这种引导设问的方式，学生跳出了传统解题的思维局限，体验到了探究的乐趣，增强了学习数学的信心，培养了自主解决问题的能力。

（二）优化教学模式，培养学生的创新能力

传统的教学模式以教师为主体，学生被动地接受知识，这种单向灌输的教学方式大大减弱了数学课堂的师生互动，抑制了学生创新能力的提高。数学教师要转变这种教学模式，以学生为主体，探索新型教育模式，注重学生创新能力的培养，在课堂上为学生留出充分思考的空间与时间。目前，经过优秀教师的经验总结和亲身实践，一些高校的教育模式出现在数学课堂的教学中，如小组合作学习模式、小组讨论学习模式、师生互动学习模式、多媒体互动教学模式、数学实践教学模式等，但是数学教师在实际的应用中，不要照搬照抄，要结合学生的实际情况探索出适合所教班级学生特点的教学新模式。

在传统的教学过程中，数学教师习惯按照课本的解题步骤进行讲授，习惯"常规解法"。这种教学虽然并无过错，但容易固化学生的思维。小学数学

知识相对比较简单，一题多解的例题不胜枚举。因此，笔者认为，数学教师应当优化教学模式，进行开放式教学。以典型的鸡兔同笼问题为例，题目为：已知鸡和兔共有 15 只，共有 40 只脚，问鸡和兔各有几只？

传统的解题思路是，假设我们现在"砍去"每只动物的一只脚，则笼中脚有 40-15=25（只），接着再"砍去"每只动物的一只脚，则笼中脚有 25-15=10（只），这样鸡就没有脚，只剩下有两只脚的兔子。所以，兔子有 10÷2=5（只），鸡有 15-5=10（只）。虽然这种解题方式很适合小学教学目标，但是对于小学生来说还是有一定的难度。因此，笔者大胆地跨年级教学，利用方程思想帮助学生解决鸡兔同笼问题。即，将鸡与兔分别设为 x 与 y，建立方程，x+y=15；2x+4y=40，通过计算得出结论。这种解法虽然不符合小学数学的课程计划，但是解题过程直观，为学生创新解题方式提出了一个新思路，对于小学生的数学思维来说是不小的提升，有利于培养学生的创新素养。

（三）手脑并用，开发学生的创新思维

小学生正处于活泼好动的年纪，而大部分数学课以讲述为主，教学内容难免枯燥，因而课堂上常会出现学生注意力不集中的现象。针对这一问题，数学教师可以将书本知识和动手实践的形式结合起来，这不但能极大地调动学生的学习兴趣，还有利于将抽象晦涩的数理知识转变为简单易懂的操作过程，并在动手的过程中培养学生的创新思维。以"长方体与正方体"一课为例，笔者在实际教学时，首先将每 6 名学生分成一个小组，并分发给每个小组一些正方形的模具，接着设计问题：有两个相同的正方体上下叠加为一个立方体，其周长增加了多少？表面积增加了多少？在经过一段时间的动手操作后，所有的小组都得出了正确的结果，并为以后图形相叠计算表面积的问题打下基础，培养了学生的空间想象能力。且正方体这一工具的应用，将抽象的几何问题变为直观的图形问题，让学生开拓思维快速掌握知识点。

四、总结

总而言之，创新能力的培育是新时期核心素养理念的重要内容，也是国家对学校教育提出的新要求，对于实现高效数学课堂、促进学生个人的全面发展起着至关重要的作用。数学教师要充分认识到核心素养和创新能力的重要性，树立全新的教育观念，真正推进素质教育的发展。

浅谈小学数学创新学习方法的
教学实践研究

梅州市梅江区江南育才小学　廖桂红

【摘要】新课改下的小学数学教育已经不是传统的以"教师、教材、教室"为本位的数学教学，而是以"生本教育"为基本教学理念，强调的是以学生的"学"来带动教师的"教"。这就要求现代的小学生必须改变与创新自身的学习方法，以便学会学以致用，提高数学学习效率。

【关键词】小学数学；学习方法；自主学习；合作学习；探究学习

自主、合作、探究式学习是新课改所提出的每个小学生都应该掌握的基本学习方法，这是因为这种基本的学习方法将小学生置于学习主体地位，充分发展了学生的数学学习能力与数学思维，是一种真正能够开发小学生学习潜能与智力的有效方式。在小学数学教学中，教师应该鼓励小学生进行自主学习、合作学习、探究学习，让小学生养成良好的数学学习习惯。下面，本文从这三个方面来介绍小学生在数学学习中的创新学法。

一、自主学习

一个人的学习能力直接决定这个人的未来学习与发展，自主学习能力已成为 21 世纪人才在社会上立足的基本生存能力。因此，小学生必须树立自主学习的意识，提高自主学习能力，为未来的数学学习与社会发展奠定良好的基础。

例如，在教学"圆的认识（一）"这一课时，我便要求全班所有的小学生都要展开自学活动。六年级的小学生已经有了较丰富的生活经验，在生活中见过许多以圆形为基础的事物，有许多学生在绘画等活动中还制作过圆形。这些经历都为他们初步认识圆打下了良好的基础，学生完全可以根据自己的生活经历来认识圆的特性，也可以根据自己的预习情况来绘制一个圆形。在数学课上，我拿着自己制作的一个自行车的剪画模型，提问："老师想要把这个自行车模型送给你们中的一个，大家围起来，谁能抢到就是谁的，好吗？"学生都自觉围成了一个圆形，我看到后，不禁会心一笑，说："为什么大家要围成圆形呢？"学生说："因为这样我们与老师的距离都一样，比较公平。"我再提问："依据呢？"由于学生已经预习过"圆的认识（一）"这节课的知识点，并且在亲自绘制圆形的过程中体验到了圆的特征，所以他们很快便回答出了这个问题："因为老师可以当圆心，我们跟老师的距离就是圆的半径。"对此，我及时表扬了学生，为学生鼓掌："同学们都很棒，老师相信你们的自学都是有效的，老师为你们骄傲。那接下来，让我们一起来学一学圆好吗？"在此基础上进行教学，数学课堂的教学效率明显提升了不少，学生的积极性也很高。

二、合作学习

通讯工具、网络技术的发展让人们的交流变得愈加频繁、多样，与人合作的能力决定着一个人获得成功的可能性，合作学习也是每个人的学习能力的必要体现。因此，在小学数学课堂上，我会在一些学习难度较高的知识点的教学中使用合作学习法，让学生充分利用集体的智慧来完成数学学习。

在"复式条形统计图"与"复式折线统计图"这两节课的学习中，我为学生提供了本校学生运动会两位形象大使，两年内的学生投票选举的真实数据，让学生根据年级、班级等来绘制各个班级的选举情况的统计图。学生以四人为一组，两名学生负责复式条形统计图的绘制任务，两名学生负责复式折线统计图的绘制任务。负责同一种统计图绘制任务的学生可以比照彼此的统计图，判断自己绘制的统计图的正误；之后再与负责另外一种统计图绘制任务的学生进行比照，分析两种统计图的优缺点，进而分析并总结出复式条形统计图与复式折线统计图的使用条件及意义所在。

三、探究学习

探究学习就是教师要改变过于详尽地将数学结论告知学生的做法，而是要通过启发、提问等活动来引起学生的思考，使其在积极的思维能力下探究出具体的数学结论。这种学习方式对学生的学习能力要求较高，但是对于培养学生的数学思维十分有利。

在教学"面的旋转"这一课时,为了让学生了解面旋转成体,我在数学课上为学生播放了面旋转成体的动画视频。这个视频直观演示了体的形成过程。在观看结束之后,我要求学生说出观察结论。大多数学生都直接说:"那个面转了一个整圈之后,就变成了一个立体。"我循循善诱:"平面如何才能够通过旋转形成体呢?有什么前提条件吗?还是只要面旋转就会形成体呢?"学生便回想这个视频中的片段,发现这个平面是围绕着固定不变的一个边来进行旋转的。进而,我再引入本课"在一定条件下,点旋转成线、线旋转成面、面旋转成体"的数学概念。

总而言之,在小学数学课堂中培养小学生的学习能力,创新他们的学法,对于培养一批高能力、高素质的人才十分重要。因此,教师应该从多个角度分析,为小学生的自主、合作、探究学习活动提供充分的时间与空间,促使数学教育真正面向小学生。

在教育信息化背景下小学数学
如何培养学生的自主学习能力

广东省吕崇平名教师工作室入室学员

梅州市梅江区乐育小学　黄利清

【摘要】在信息技术教育的大环境下，以多媒体教学和网络教育为核心的现代教育技术在教学领域得到了广泛应用。教师应该把先进的信息技术和网络资源整合起来，从根本上改变传统的教育教学方式，真正实现学生的自主学习。在学习中，教师由知识的说教者、灌输者转变为学生学习的引导者、管理者和组织者，让学生成为课堂真正的主人，让学生成为课堂的直接参与者、合作者、受益者，使学生的主动性得到最大限度的发挥。

【关键词】教育信息化；自主学习；合作交流

随着信息技术的突飞猛进，教学模式迎来了一场新的革命，我们的教学突破了学习围墙，开创了新的学习方式，像鸿合软件、粤教翔云、电子白板、智乐园、喀秋莎等软件的使用。这也迫使我们广大教师学会将信息技术与教学内容相融合，为培养学生自主学习与合作交流等能力提供方便和有利的条件，更好地催动学生学习的动力，让我们的课堂添加"轻松""神秘""有趣""思考"等调味，从而带活我们的数学课堂。

一、前置预习　自主探究

教学体现的是教者的智慧，就是我们要在最短的时间里达到最好的效果，也可以说达到最大的效益，这是我们广大教师的追求。这就要求我们教师要领悟教材、领悟学生，在此基础上，搜集相关的资料和素材，将授课内容制作成集图像、声音、文字等于一体的生动形象的微视频，以供学生进行课前预习。

教师在课前先布置预习提纲，可以提升学生自主探究学习的能力。如课例"圆的面积"的预习提纲：（1）如何得到一个圆的面积呢？（2）视频中将圆转化成我们以前学过的什么图形呢？它是如何做的？（3）圆等分的份数越多，拼成的图形越近似什么图形？它们之间有什么关联呢？学生通过从班级资源库里下载视频并结合预习提纲进行观看。在观看的过程中，学生可以自主控制播放的进度，可以暂停、快进、重播、跳过等等。这些预设问题，可以让学生借助视频进行探究，从而提高自主学习的能力。

二、新授教学　合作交流

小学数学教学必须立足于课堂，课堂是小学生获取信息的主阵地。在课堂教学中充分利用现代信息技术，引导学生主动收集和处理信息，可以加强学生对教学内容和课本知识的理解，使学生从被动学习转变为自主学习。

课例"圆的面积"通过课前预习观看视频，学生初步对圆面积公式的推导过程有了印象。但由于学生在家学习的自觉性还不够强，不少学生对面积公式的由来，也就是推导过程不够重视。因此在新授时，教师首先引导学生回顾平行四边形和三角形面积公式的推导过程，使学生明确是运用了转化的数学思想推导出新知识，从而为本课的学习打下坚实的策略基础。另外，教师让学习小组围绕预习提纲展开讨论，再结合 CAI 课件演示"用橙色曲线闪烁强调圆的周长，用白色线段代表半径，用红色表示面积部分，不断地将一个圆等分成 4 份、8 份、16 份……"随着等分份数的不断增加，学生可以清楚地看到，长方形的宽正好等于圆的半径，长方形的长是圆周长的一半，这样很快地帮助学生扫清障碍谜团，实现"由曲化直"的转化策略。

整个汇报讲解结合信息技术进行开放式的对话交流，充分调动学生用脑"思考"、用眼睛"观察"、动手"操作"、用耳朵"聆听"、用嘴巴"阐述"等多种感官参与知识的形成，让课堂充满动感，充满活力，实效性强，让知识在无形中潜入学生的脑海，激发学生的主体意识，让师生间、生生间感情更默契，不仅营造了良好的学习氛围，同时促进了学生的自主学习能力。

三、复习巩固　拓展知识

利用信息技术开展教学，可以使我们的教学重点更为突出，难点更容易突破，也可以做到更有吸引力。每一节课，学生的情绪都是有起伏的。当新授课完成后进入巩固练习时，有学生容易出现疲劳，这个时段如果练习不够有趣，就无法调动学生的兴奋点，学习效果也会打折。这个时候我们可以根据学习内容和学生的心理状态，结合多媒体营造有趣的阶梯式的练习，同时与教学助手配合使用。教师在巡视练习的过程中拍下学生的练习，及时把多个练习（有对和错不同结果）同步于电脑，让学生进行直观的对比，并请学生对着展示的练习把自己的解题思路向全班同学讲解。这样就很好地激发学生的学习激情和表现欲，配合加分策略又可以充分调动小组活动积极性，更好地促进学生的创造性主体活动，调动学生的思维。

在巩固练习环节，我们还可以设置"智力大比拼"的练习，这个练习是让学生在规定的时间内抢答闯关。我们发现，做闯关游戏，学生可以做到激情四射、同伴互助、全程参与，真正做到热情高涨，集中精力。这样的练习让学生在有趣的游戏中巩固知识，又体现了学生的自主学习能力，同时培养了同伴的合作精神。

四、课后辅导　异步学习

学生个体有差异，每个学生的集中力、兴趣、接受能力等等因数制约着学生接受知识的水平，也就是有学生当堂可以掌握得很好，也有学生还懵懵懂懂没有弄明白。科学表明，个别教学能起到激发学生潜能的作用，但是大规模实施一对一教学在学校是无法达到的，微课的使用可以让这个"不可能"变为"可能"。微课可以让学生接受个别教学，也可以根据自己学习中出现的问题进行有针对性的学习。拍照批改软件的使用，可以让教师布置差异化作业。教师根据不同知识水平的学生设计有难度差异的练习，这样就可以使每个学生都能获得不同程度的发展，能获得学习成功的喜悦，从而促进学生的自主学习能力的发展。

使用"微动漫"的学习方式，将原来的"课内"变为了"课外"；也可以由"校内"转变为"校外"；由"任课教师"变为"动画故事演绎"；让基础较弱的学生对老师的敬畏降低，可以避免学生与教师之间的冲突形成的受阻现象，让学生在自觉最舒适的状态下不限时地进行自主学习，真正做到了"因材施教"。

五、结语

现代信息教育技术从根本上改变了传统的教学模式，借助丰富的网络资源实施个性化的学习方式。这就要求我们教师要接受时代的挑战，与时俱进，不断地学习有关个性化教学的实际操作和应用方法，建立比较彻底的"以生为中心"的教学理念，真正上升为组织者、帮助者、指导者，从而提高学生的综合素质，增强学生的学习能力，为学生的终身学习奠定基础。

重视学生核心素养的培养
提高学生的综合能力

梅州市梅江区江南育才小学　温红英

【摘要】小学生应具备的核心素养主要为发现问题、分析问题、解决问题的能力。只有认真培养小学生的这些综合能力，夯实基础，将来才能适应更高年级的学习，适应社会、立足于社会。在小学数学课程中，教师应引导小学生利用数学知识去分析问题、解决问题，并学会用数学语言来展示自己的能力，进一步促进学生综合素质的发展。

【关键词】核心素养；培养；提高综合能力

一、培养学生发现问题的能力

低年级的小学生往往"胆大妄为"，在课堂上遇到问题能够立刻举手提问，期待教师的回答和看法。而高年级的小学生遇到问题反而不愿意说话，宁肯带着疑问，也不会在课堂上直截了当地提问。造成这种现象的原因到底是什么呢？这与我国传统的教学体制和教育理念不无关系。传统教育体制以应试能力为教学目标，学生考试成绩好则被认为学习好，忽视了在课堂中对学生各种数学能力的培养。传统教育理念下，教师认为自己是课堂的主导者，是带领学生遨游识海洋的领头人，因此忽视了学生的学习主体地位，在教学过程中教到哪儿学生听到哪儿，养成了一种权威性，使学生不敢提出问题。另外，班级提问气氛不佳，小学生在提问时害怕被嘲笑也是他们不敢提问的原因之一。那么，在数学教学过程中，如何提高学生的提问意识呢？随着新课程改革的不断深入和素质教育理念的普及，"一言堂"式的数学教学课堂逐渐遭到摒弃，教师已经意识到平等、轻松愉快的民主课堂，和谐、轻松的课堂氛围，能够给予学生一种安全感，消除学生的发言恐惧和紧张压抑感，能帮助学生在学习中充分发挥想象力和创造力。思维活跃将引导学生发现无数新鲜的问题，对于学生而言这正是发现问题意识培养的重要途径。

小学数学教师应结合小学生的现实生活开展数学教学活动，使小学生感受到数学与他们的生活息息相关，从而使他们在良好的氛围中逐渐形成发现问题的能力和意识。我国教育家陶行知就曾提出生活教育理论，认为学校教育应从学生的生活入手。问题的提出值得保护，但是有意义的提问才能带给学生正确的学习方向和思路，如果提出的全部是浅显的无意义的问题，并不会起到什么作用。因此，教师在培养学生发现问题意识的中期，要注重学生提问的深度，引导学生学会提问，学会发现问题的本质，从而提高学生思维的深度与广度。比如在教学"圆的周长"时，教师举起圆形教具问道："我们如何测量这一圆形的周长呢？"学生各抒己见，纷纷表达自己的看法。学生 1："拿一把能够变软的尺子就可以量了。"教师："很好，米尺能够帮助我们解决这个问题，看来你很懂得利用工具，还有别的方法吗？"学生 2："可以用一根线缠一圈，然后将线拉直，就可以用直尺测量了。"教师："很好，你能够用转换的思想考虑问题，很不错。其他同学还有别的办法吗？"学生 3："可以在圆的边上描一个点，滚动这个圆，白纸上会留下两个点，点与点之间的距离就是圆的周长。"教师："都很不错，但是对黑板上这个圆，我们能够用缠线的方法或者滚动它吗？"学生领悟到上面的方法对于实物有效，但是对于图形来说有一定的局限性。于是课堂在这种由浅及深、由表及里的教学过程中不断深入，激发学生的探究欲望和学习热情，有利于学生数学综合素质能力的提升和问题意识的培养。

二、培养学生分析问题的能力

心理学研究发现，如果儿童在很小的时候就具备良好的数学意识，那么在逐渐成长的过程中就能对数字及运算保持敏锐的观察力，能有意识地利用数学知识来分析问题、解决问题，并善于发现生活中存在的数学现象，从而对数学知识产生亲近感。现在的小学数学教材中有很多反映小学生现实生活的案例，教师要巧妙应用这些案例，将教学内容与学生的现实生活相结合，多层次、多角度分析问题，使学生意识到数学知识在生活中的应用价值。以"解比例"这节课的知识教学为例。在这个小节中，有这样一道题：$x:320=1:10$，应该如何来解答这个方程呢？此时有的学生可能会说："可以根据乘法各部分之间的关系，将其中的 x 看作一个因数，然后根据一个因数 = 积÷另一个因数，这样便可以求出 x 的值。"为了使他们能够想到更多的解题方式，我让学生再进行思考。此时学生可能会说："老师，可以根据比例的意义来进行解答，比如可以先求出左边的比值，然后再使右边的比值能够与左边相等即可。"

三、培养学生解决问题的能力

培养学生发现问题、分析问题能力，更主要的还是要培养学生解决问题的能力。教师需要根据具体的内容对学生进行引导，从而使学生的解题思维能够更加多样化。笔者认为，培养学生解决问题能力应从以下几方面入手。

（一）着重培养学生的直觉思维能力

直觉是人的先天能力，也是小学生的一种基础能力。所以教师在课堂教学中要注意保护学生的好奇心，善于抓住那些一闪而过的机遇，而故事可以用来激发学生的直觉思维。教师在课堂上创设故事情境至关重要，要诱发学生的求知欲，使他们主动参与到课堂教学中来。例如，在学习"升与毫升"这个内容时，教师可通过讲故事的方式为学生创设一个问题情境：森林里举办聚会，小兔子喝了 6 杯酒都没醉，但大老虎喝了 1 杯酒就醉了，为什么呢？这样的情境具有童真性，能激发学生的学习欲望。有的学生说大老虎的酒量不好；有的学生说大老虎和小兔子用的是不一样的杯子，大老虎的杯子大，小兔子的杯子小，所以大老虎一杯就醉了。当听到这样的答案时，教师就可适时为学生导入"容量"这个概念，使学生很快就能明白这个概念的意思，教学任务在无形中得到了解决，学生的数学核心素养也得到了培养。

（二）着重培养学生的发散思维能力

发散思维是将已知信息进行多方向、多角度思考的思维方式。教师在课堂教学中要多为学生提供一些开放性问题，以供学生思考，发散学生的思维，使他们从不同的角度思考问题、解决问题。但教师提出的问题不能过于简单，否则难以激发学生的学习兴趣；难度还不宜过大，否则会导致学生产生畏难情绪，要把握好开放性问题的"度"。例如，在教学"长方形的周长计算方法"的时候，为了让学生更好地掌握周长的计算公式，我给学生出示了一个三角形，问："怎样才能算出这个三角形的周长呢？"学生兴趣很浓，一名学生提出了自己的想法："把这个三角形的三条边都计算一下，然后再把三条边加起来就是这个三角形的周长了。"我及时地进行鼓励:"真聪明!那么,其他的三角形能不能也用这个方法进行计算呢?"接着我出示其他三角形,让学生进行验证,引申出其他图形的周长计算方法。最后,我出示长方形图形,告诉他们这个长方形的长为 8 厘米,宽为 5 厘米,并提问:"要想求出这个长方形的周长,我们有哪些方法呢?"这时,学生运用发散思维,得出如下一些算法:① 8+5+8+5;② 8×2+5×2;③(8+5)×2,再经过认真的分析和验算后,学生把答案集中到了第三种算法上,认为第三种算法是计算长方形周长的最佳公式。这时,我又给学生出示了几个长方形,让他们计算这些图形的周长。经过几次反复的实验,学生成功概括出了长方形周长的计算公式:周长 =(长 + 宽)×2。在学生掌握了长方形周长计算公式以后,我又及时引导学生认识正方形,知道了正方形的四个边都相等,进而得出了正方形的周长计算公式:边长 ×4。这样,学生的创造性思维就不断地在"发散—集中—再发散—再集中"的过程中得到发展。

(三)着重培养学生的抽象思维能力

数学知识具有一定的抽象性和逻辑性,这就给小学生的抽象逻辑思维带来一定的挑战。要想引导他们学好数学,培养他们的数学核心素养,教师就要在课堂教学中努力培养学生的数学抽象思维意识。高年级数学应用题比较复杂,其中涉及的数学概念极为抽象。为了使学生能够真正掌握解题方法,教师需要学会使用更为恰当的工具,帮助学生更加清楚地理解题目。而这里所指的教学工具,便是教师需要采用多样化的教学方式,只有这样,才能够使学生的数学抽象思维得到培养。以"负数"这个教学内容为例。教授这一内容的主要目的是让学生能够在活动探究的过程中正确地在直线上进行正负数的表示,学会使用正负数的知识解决实际生活中的问题。例如下面这道题:一个人在 –2 的位置向西出发,走了 1 米,他会到达什么位置?如果他在 –2 的位置,先向西方走了 1 米,又接着向东走了 4 米,此时他会在什么位置上?教师在讲解这道应用题时,可以采用多种教学方式。其一,小组合作探究方式。让学生与周围的同学展开探究,然后展示探究结果,表达自己的想法及解题思路。这样不仅可以锻炼学生的独立思考能力,还能够使学生的合作能力得到培养。其二,可以借助于信息技术。教师可以将应用题变成一个动态过程,将题目动态化。这样学生可以对这道题目中人的走向有一个直观且清晰的认识。通过这样的方式,学生的解题能力得到提高。其三,教师可以采用情境创设方式，让学生充分发挥自己的想象力，对这个行走的情境进行想象，使学生的解题能力在这样的情境之中得到有效提升。

总而言之，在数学教学的过程中，教师要认识到学生对于数学知识的探索十分依赖问题意识，学生只有脑海中充满了问题，才能在学习过程中专心致志，数学知识才能吸引他们走向问题解决的彼岸。传统教学过程中学生的主体地位被忽视，主观能动性的发挥被抑制，造成他们对数学知识的学习略感厌烦。尤其是对小学生来说，思维方式具有形象化的特点，抽象枯燥的数学知识和数学符号对于他们而言有一定的难度。只有具备发现问题、分析问题、解决问题的能力，学生才能积极主动地学习，成为学习的主人。只有认真培养这些综合核心素养和能力，夯实基础，我们的学生将来才能适应更高年级如初中、高中的学习，才能适应于社会、立足于社会。

采取有效措施　培养学生的创新能力

梅州市梅江区江南育才小学　梁雯

21 世纪是国际化、信息化的时代，正呼唤着具有学习能力，富有创新精神的新一代。数学教育作为基础教育的重要一环，不仅要让学生掌握数学知识，更要培养学生的主体性发展。为了有效地培养学生的创新意识和创新能力，我在教学中特别努力做好以下几点。

一、注重独立思考　培养学生的创新精神

目前的数学课堂教学中，仍有这样的现象：老师不放心，讲得多；老师不放手，牵得多。教师对学生获取知识的思维过程的展开，到底能否替代学生自己的活动？答案是：不能。因为学生学习数学知识的过程，是一个"学生以一种积极的心态，调动原来的知识和经验，尝试解决新的问题，同化新知识，并积极建构他们自己的意义"的主动构建过程。建构者只能是学生本人。而教师讲在前的教学可能会妨碍学生的思考，甚至扼制学生的思维。因此，我在平时的教学中，总是让学生独立思考在前，放手大胆地让学生尝试探求新知。

例如，在教学"认识正方形"时，我放手让学生充分利用课前准备好的正方形纸，想办法知道正方形角的特点。有的学生通过度量发现正方形的四个角相等；有的学生通过沿对角线对折，再对折，发现四个角相等；有的学生通过用一个角与其他三个角对比，发现四个角相等……学生通过思考、操作、发现了正方形角的特点。这种让学生自己发现的新知识容易理解、记忆，而且在操作中培养了学生的创新精神。

二、设计数学游戏，培养学生的创新意识

爱游戏是人的天性，特别是小学生，通过游戏能激发学生的学习兴趣。学生如果对所学的内容产生浓厚的兴趣，就会产生热烈的求知欲，积极主动

地进行学习。根据这一教育心理学规律，在教学中我尤其注重教学游戏设计。如在教学"立体图形的认识"一课时，我把传授新知识这一环节创设为以"游戏活动"为主的教学形式。全班同学都兴趣盎然地参与到各个程序的游戏活动中。一开始的"找朋友"活动马上吸引了全班同学，教师先让带长方体、正方体、球、圆柱体的4名学生到前面来，然后让带魔方、乒乓球、茶叶盒、牙膏盒等学具的学生去找自己的"朋友"。同学们既兴奋又认真，生怕找错"朋友"难为情。最后再让作为"朋友"的同学说一说为什么你们是"朋友"（物体形状相同的才是朋友）。通过交流，长方体、正方体、球、圆柱体等立体图形的形状及特点就清晰而深刻地印在学生的头脑中，概念在轻松有趣的过程中也被牢固掌握。

学生在游戏中动手、动脑、动口，开心地合作，既激发了学习热情，又学习了知识，理解了概念，训练了技能，开发了智力，培养了创新意识，可谓一举多得。

三、创设思维情境，激发学生的创新灵感

激发学生的创新灵感，首先要让其敢于发表自己的见解，提出不同的思维方法，让学生面对新问题，从自己的实际出发，开动脑筋去独立尝试解决新问题。数学教学正是在不断提出问题、解决问题的循环反复的过程中培养、发展和提高学生的思维品质与学习能力的。例如，在"分数的意义"这节课，学生的疑难点集中在单位"1"的理解上。在课堂教学时，我先提出这样一个问题：把一个饼平均分成两份，每份是它的1/2；把两个饼平均分成两份，每份是它的1/2。这"两个1/2"是一回事吗？它们各以什么为单位"1"？然后让学生拿出预先准备好的饼干来动手分一分，再比一比、议一议。学生兴趣高涨，积极动手动脑，很快就回答出正确的答案。我再问：你们能否自己想出问题，自己解决呢？学生纷纷拿出准备好的各种实物，铅笔、本子、苹果等，以四人小组为单位动手操作，讨论交流，提出很多的问题。如：把四个苹果分给四名同学，每人一个，每人分得苹果的几分之几？这里把什么看作单位"1"，等等，使学生进一步理解分数可以表示部分与整体之间的关系。如此通过引导学生生疑、议疑、释疑，促进了学生创新意识的培养。

四、重视方法归纳 发展学生的创新能力

布鲁纳指出，掌握基本的数学思想和方法，能使数学更易于理解和更利于记忆，领会基本数学思想和方法是通向迁移大道的"光明之路"。小学数学中的许多知识，如运算定律、性质、公式、进率等都可以让学生重新发现。例如，在记忆长度单位之间进率的教学中，我不是把传统的记忆方法教给学生，而是通过让学生思考讨论：怎样记忆？学生的方法多种多样，有一个学生想出了非常有创意的记忆方法：将左手自然伸开，面对掌心，用大拇指表示千米，食指表示米，中指表示分米，无名指表示厘米，小指表示毫米。大拇指与食指之间的距离较大，表示 1000 进的，其余四指之间的距离都差不多，表示 10 进的。多妙的想法呀！这样就非常容易记住长度单位之间的进率。放手让学生用自己的思维方法解决问题，有利于发展学生思维的独创性。

实践证明，学生是很聪明的，他们是天生的创造家，拥有无穷无尽的创造力。教师要留给学生创新的时间和空间，要把培养学生的创新意识贯穿于课堂教学中，把学生培养成为勇于思考、勇于探索、勇于创新的高素质的人才。

应用网络教学平台
培养乡村小学生的自主学习能力

梅州市梅江区乐育小学　吴莉兰

【摘要】如今，教育信息化水平逐步提高，为了满足新时代教学的需要，网络教学平台相继出现。它的出现打破了传统课堂的"填鸭式"教学模式，给学习的重要群体——小学生，带来的不仅是一种全新的学习模式，也带来了全新的体验，对他们的吸引力更大，进而也培养了他们的自主学习能力。

【关键词】网络平台；小学生；自主学习

一、小学生自主学习能力现状分析

乐育小学处于城乡结合部，家长中进城务工人员居多，学生素质参差不齐，留守儿童也不少。小学生本来就贪玩，自律性较差，而家长又没时间督促，学校教育资源匮乏，师资力量不足，传统的课堂"填鸭式"教学方式已经吸引不了学生的学习兴趣。而随着互联网的普及，电脑和手机游戏对他们的诱惑力太大，致使大部分孩子无心学习。教师布置的作业，简单的就做，稍微难一点、要动脑筋的就不做，自主学习能力如自主探索意识不强。

二、网络教学平台的优势

随着时代的发展，互联网已进入千家万户，乡村小学的电子教学设备也逐渐完善，学生能拥有一部智能手机也不是难事。那么，网络教学平台的优势在哪里呢？网络教学平台教学功能多样，资源库丰富，拥有名师教学视频，各种生动有趣的微课、课件，深受学生喜爱的闯关游戏，从易到难的练习题，等等，应有尽有。网络教学平台还能实现城乡资源共享，好玩、好看，能让小学生产生主动学习的意识，进而激发学生自主探索的兴趣。更重要的是，应用教学平台教学，是以学生为主体的学习方式，教师只是组织者和引导者，从而培养学生的自主探究能力。

三、应用网络教学平台培养乡村小学生的自主学习能力的策略

（一）加强业务学习，熟悉网络平台

网络教学平台是一种新兴的建立在互联网的基础之上，为网络教学提供全面支持服务的软件系统。作为教者，我们必须先熟悉这个软件系统，才能做到物尽其用。乐育小学就很重视教师加强这方面的工作。但学校教师大部分年龄都偏高，一部分教师连电脑操作都不熟练，对于他们来说，熟悉一种新事物是很困难的事，更谈不上熟练应用各种教学平台。但我们没有被这些困难吓倒，首先学校领导想尽办法邀请专业人员为教师提供培训机会；然后选出年轻且学得好的教师做带头人，在实践中探索，在探索中学习。

寒假期间，学校各优秀教师充分应用网络教学平台的直播功能上直播课，直播课集中了全校本科目教师的智慧，更具有针对性，还具有回看功能，既实现了资源共享，又打破了传统的教学模式，让学生的学习突破了时间和空间的限制。学生的学习时间弹性大了，家长也能抽出时间督促孩子学习。

（二）巧用资源库，调动学生小组合作

网络教学平台的资源库，资源丰富，教者要善于应用这些资源为学生服务。而小组合作学习是现在课堂学习的主要形式，是一种先学后教的教学模式。它打破了传统的先教后学"填鸭式"的课堂教学模式，把以前教师在课堂上讲解部分迁移在课前，即先让学生预习新知识，解决教师预设的问题，再回到课堂研讨。在课堂上，学生才是学习的主体，教师只是组织者和引导者，小组合作学习就是课堂学习的重要组成部分。在小组合作学习时，很多学生为了能在小组交流中有话可说，不拖小组后腿，会主动地预习新知识，钻研问题，想尽办法弄懂新知识，努力完成学习任务。

比如，在教学"比的化简"时，我先在网络教学平台里选出适合自己学生的优秀动画微课《三毛卖报》，并预设了两个问题："什么是整数比？""怎样化简比？"并分享在微信班群里。这个微课视频把化简比的方法以故事的形式展现出来，符合学生喜爱听故事的特点，能吸引学生的注意力，激发学生学习的主动性和积极性，让学生能顺利完成预习任务。然后学生带着饱满的自

信回到课堂。我在课堂上只需要重新播放一遍微课视频，提出问题后就可以各学习小组研究、探讨。我对做得好的小组提出表扬，对落后的小组进行鼓励。这时，每个孩子都迫不及待地想要把自己掌握的知识与组员们分享，而每个孩子都想从对方的讲解中找到漏洞，他们互相争辩，互相学习。各小组之间也迅速形成了各自的竞争对象，无形中激发了学生内心的"好胜"和"不认输"的心理，促使他们积极动脑，各抒己见，认真倾听，争取在最后的展示时做到最好，得到老师的表扬和同学们的认可。因此，在汇报展示时，几乎每个小组都能把小数比、整数比、分数比的化简方法找出来，并能正确化简比，顺利完成教学任务。

（三）应用测试功能，吸引学生主动参与

学习完新知识后，复习巩固是必不可少的环节。要巩固新知识就需要完成作业，以前教师布置作业都是全班统一形式，对于学困生来说，这种作业量多且难度大，根本无法完成，这也是他们厌学、不完成作业的原因之一。而网络教学平台功能多样化，不仅拥有从易到难的练习题，还有在线测试功能。特别是在线测试功能，符合小学生好奇、好胜的天性，能吸引他们积极参与。因为在线测试可以反复进行，只要提交，就能得出测试结果。还有错题分析，不用像以前一样，作业做错了，要不问老师、问家长、问同学，或者上网查找答案，不仅浪费时间，而且效果不佳。

比如，有一年，我们年级举行了一次在线口算竞赛，以一个星期为限，取做题时间最短且最高分的一次。竞赛开始时，很多家长反映，很多孩子为了取得高分，只要一有空就参与，有种不达目的誓不罢休的冲劲。他们在一次又一次的失败中，分析错误原因，总结经验。为了提升自己的口算速度，他们会想尽办法找最优的口算方法，把这些方法记得滚瓜烂熟，并灵活运用。通过这次竞赛，学生参与率为百分之百，学生的口算能力也得到了大幅度提高。

四、结束语

从以上的事例中，我们可以看到网络教学平台对培养乡村小学生自主学习能力的重要作用。目前网络教学平台的很多功能因为乡村小学的教学设备还无法跟上而无法应用，但随着国家对教育的重视，随着教育事业的不断发展，终将会实现。我们也相信网络教学平台会越来越完善，开发出更多适合

乡村小学教育的软件，为教育服务，为培养更多国家需要的人才服务。作为教者，我们只有不断学习教育教学新理论，紧跟时代节拍，掌握更多教育教学多媒体教学手段，灵活运用各种教育教学新方法，了解各种新型的网络教学平台，做到与时俱进，才能成为一个合格的教育者。

通过剪纸活动激发学生对学科课堂的兴趣

广东省吕崇平名教师工作室网络学员、梅州市杨志东名教师工作室网络学员

梅州市梅江区肩一小学　谢秀珠

　　"剪纸"这一民间艺术，对于肩一小学的学生来说并不陌生。因为学生对剪纸都有浓厚的兴趣爱好。兴趣是最好的老师。一个人一旦对某事物有了浓厚的兴趣，就会主动去求知、去探索、去实践，并在求知、探索、实践中产生愉快的情绪和体验。正因为如此，在新课程的教学实践中，我坚持关注学生的学习兴趣，把握好所任学科的课程特点，结合学校校本特色实际，充分开发校内外资源，把培养学生兴趣贯穿于美术教学和实践活动之中。

　　在剪纸课堂上，我通常先要求学生安静听讲，保证课堂纪律，注意用剪安全。课上，我深入浅出地教学生剪纸的过程：通过"折—叠"方式，培养了学生注意力集中、手眼协调的能力；通过"画"的过程，培养了学生的创造性思维和独立的思维；通过"剪"的过程，培养了学生使用剪刀的技巧。紧接着，我通过"拆"的过程，让学生细心对待作品，培养了他们的耐心。等作品在眼前展开时，美的自豪感油然而生，学生都陶醉在自己的作品中。"赏评"作品又可以培养学生的审美能力及口头表达能力；在贴剪纸的过程中，需要学生互助合作，你摁我贴，促进集体精神的培养。这一整套的剪纸技巧，无形中培养了学生的多种能力，也激发了他们对各学科的兴趣和热爱。

一、巧用——剪纸活动激发学生对语文学科课堂的兴趣

　　作为语文教师，我非常注重学生的课前预习，在课堂上的主动参与，与同学的合作及探索精神，通过每一课的学习目标，引导学生主动进入自主探索的学习中。当学生有了自主学习的能力时，我会通过剪纸活动来激发学生对语文课堂的兴趣，用剪纸这种形式来体现课文要表达的中心思想。如在教学四年级"台湾蝴蝶甲天下"一课时，经过学习台湾蝴蝶的特点和种类，从文字中欣赏了美丽新奇的蝴蝶后，我让学生给课文内容配剪纸。学生手中创

作出来的一只只美丽的蝴蝶，大部分能展现课文中台湾蝴蝶的特点。部分学生还加上了自己的想象，让台湾蝴蝶的形象更生动、更立体。这一剪纸活动，既能有效激发学生对语文学科课堂的兴趣，又可以从中引导学生热爱蝴蝶、保护蝴蝶。

通过剪纸活动还能突破课文的难点，如在教学三年级古诗《惠崇春江晚景》时，我引导学生给诗句"竹外桃花三两枝，春江水暖鸭先知"配剪纸，鼓励学生积极思考，使学生获得自主探究的机会。上完语文课，学生自己动手实践，将学到的知识点、重点语句用画面形式剪下来，增加了记忆，加深对课文内容的了解，促进对文本的感情升华，促进创新精神和实践能力的培养。我还通过剪纸比赛来提高学生对学习美术及学习语文的兴趣水平，激发学生的写作兴趣，促使学生在大自然、社会中、生活中、学习中去发现美、欣赏美、创造美，充分挖掘生活情趣。同时，学生还通过感受剪纸艺术，丰富了精神世界，发展了情操，促进自身的全面发展。

二、巧借——剪纸活动激发学生对数学学科课堂的兴趣

北师大版三年级下册的"图形的运动"这一单元教学中关于"轴对称"这一内容，就可以借剪纸活动来教学。通过"折"出"对称轴"，"画"出对称的面，"剪"出对称的两边的图形，用直观方式再现抽象思维，学生手中诞生了一幅幅"双喜""衣服""蜻蜓""花瓶"……轻松地解决了学生对"轴对称"的理解，同时激发了学生的独立创新思维，开发出更多学生心中的对称纹样。北师大版四年级下册的"三角形的认识"一课中，除了让学生根据日常生活的实物造型去认识三角形外，我们还可以通过剪纸活动让学生在六边形的基础上认识等边三角形、直角三角形。课上，学生跟着教师从折叠方式入手，一刀剪下去奇迹般地出现等边三角形时，深深感叹剪纸的奇妙，再继续剪一刀，奇迹又发生了，原本等边的三角形立刻变成直角三角形了。学生在剪纸活动中玩出了对三角形的热爱，激发了对三角形知识的学习兴趣。在北师大版五年级上册"平行四边形面积"的教学中，学生在"折"—"剪"—"移"—"拼"的活动过程中，找到了学习的乐趣，充分激发了学生对数学学科的兴趣。在北师大版六年级上册"圆的面积"教学中，为了激发学生学习圆面积的兴趣，我们也可巧借剪纸活动来创设"牛皮圈出来的城市"情景教学：分小组进行剪纸比赛，看哪个小组用一张 A4 纸圈出来的"城市"最大，住进

"城"里的人最多。这个让学生纳闷的数学题，竟然可以巧借剪纸活动来轻松解决。在教师的指导下，学生通过剪刀在 A4 纸上有序规划，并成功圈出"城市"的范围。通过情境中的比赛，我们可以发现当学生把剪出的边剪细一些，A4 纸的范围就会大一些；剪得粗一些，所圈的范围就小一些，从而得出面积大小的结论。而且剪纸活动还有助于培养学生的耐心与细心。一系列的课堂情景导入，体现了剪纸活动对于激发学生对数学学科的兴趣的重要作用。

三、巧学——剪纸活动激发学生对英语学科课堂的兴趣

对初学英语的学生来说，由字母组成的单词有些枯燥无味。我用剪纸帮助英语老师激发学生学英语单词的兴趣。我根据字母各自的单独形状，巧妙引导学生设计字母外形，设计出穿花衣服的、活泼动感的、俏皮可爱的、帅气十足的字母。当字母外形塑造好以后，学生在设计稿下垫上彩色纸开剪。大部分字母都是单独存在的且是一笔成型的，唯有小写字母 i 和 j 各由两笔组成，因此，我引导学生展开丰富想象力，为 i 和 j 各设计一顶帽子。此时，学生很巧妙地设计出"i 脱帽"造型、"j 带帽"的造型等，使原本呆板的字母 i 和 j 各自活起来。好看好玩的字母造型给学生带来了乐趣，也激发了学生对英语字母学习的兴趣。

有了字母造型的剪纸，学生就更愿意学习英语了，下一个难题又出现了。一连串的英语单词又把学生难倒了，剪纸又发挥了它的作用。为了让学生记住英语单词，我巧用剪纸课引导学生用"以型记词"的方法设计单词的中文意思造型，如单词"苹果 apple""树木 tree""花朵 flower""男孩 boy""女孩 girl"等，将每个单词中的一个字母设计成中文意思的造型："apple"的"a"设计成苹果造型，"tree"的"tr"连起来设计成树木的造型……这样待学生将作品剪出后，很容易就明白了这些单词的中文意思了。学生在动手动脑的过程中，通过作品的成型学习英语知识，在塑造美的同时，越发热爱学习。

"兴趣是最好的老师。"剪纸活动有效地激发了学生爱好美术、爱好剪纸的兴趣，特别是对学生观察能力、想象能力、形象思维能力和创造能力的培养，以直观的形象、无声的语言，让学生增强了自信，激发了学生的自主学习积极性。